別傻了 這才是北海道

毛蟹・味噌拉麵・成吉思汗烤羊肉～48個不為人知的潛規則

●都會生活研究專案——著
●許郁文——譯

Hokkaido
北海道ルール

序言

雖然唐突，但最近人們之間似乎盛傳著「diversity」這個單字。中譯為「多元性」，而這也是現今日本企業與社會都被要求要具有的特質，其中的涵意是希望來自不同背景的人能擺脫性別、年齡與人種的限制，與他人有更圓滑的交流，以及如何讓每個個體得以發揮一己之力。這對勞動人口減少的日本來說，也是攸關生死的一大問題。

「這跟北海道有何關係？」，請抱著這個問題的讀者暫且忍耐一下。

若從「多元性」這個觀點來看，我們這次研究的北海道在某種意義上，其實算是領先的區域。

正如內文提及的，北海道自古以來就有來自全國各地，背負著不同文化、語言與風俗的人們來到此地，建立了全新的社群。所以很自然地，在這裡沒有傳統的枷鎖，而是漸漸形成了大家都能接受，合理且實惠的潛規則。使用接近標準語的用字遣詞，也是為了建立良好人際關係的一種智慧。此外，在面對每天嚴峻的開墾工作時，在當時不分男女，每個人都必須投入其中。

之所以北海道的每個人都願意接納來自其他地區的不同人種與新奇事物，還有他們寬大的胸襟以及不拘小節的民情得以形成，或許上述的歷史因素便是其中的原因之一。

不過若說該推薦那些無法從日本傳統的經營與社群模式中跳脫出來的企業人士們向北海道看齊的話，似乎又顯得過於誇張了點……。

話題到這裡搞得有點小複雜了，不過內文絕對會是充滿北海道風情（?）般的悠哉世界。請大家不要緊張，我們希望讓各位讀者體驗到有別於觀光客眼中的，北海道真實的一面。

若本書也能讓北海道居民重新感受到故鄉的魅力，那就更令人感到萬分榮幸了。

都會生活研究專案代表　大澤玲子

目錄　別傻了　這才是北海道

購物篇

Hokkaido Rules

食物篇

Hokkaido Rules

街道篇

Hokkaido Rules

詞彙・人際關係篇

Hokkaido Rules

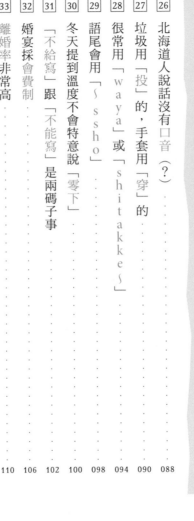

生活百匯篇

Hokkaido Rules

超遼闊！北海道趣味地圖

讀得出這個地名嗎？①
「歌志內」
參見潛規則 24
破冰船 GARINKO 號
在這裡搭乘
紋別
網走
薄切豬排飯
參見潛規則 15
道東
根室
釧路
帯広
秋刀魚很有名
Ruruiran
在這附近
讀得出這個地名嗎？②
「白人」中川郡幕別町
參見潛規則 24
襟裳岬

宗谷岬
道北
增毛的聖地？
參見潛規則24
-40
日本最寒冷！（零下42度）
幌加內町母子里
參見潛規則30
在地英雄
鮭魚騎士
增毛
旭川
岩見澤
「松鼠麵包」
讀得出這個地名嗎？③
「濃昼」（石狩市內）
參見潛規則24
石狩
小樽
札幌
道央
不停氾濫川
日本最長的直線道路
（國道12號 美唄～滝川）
參見潛規則5
道南
函館
烏賊星人來襲
參見潛規則4（的漫畫）

Hokkaido Rules

交通篇

購物篇

食物篇

街道篇

詞彙．人際關係篇

生活百匯篇

潛規則1

擅自將每條路都當成高速公路

（夏天限定）

坐擁豐富大自然的北方大地。和好似牧歌裡才會出現的印象完全相反，北海道的交通意外死亡人數居然是全國第一名！實在是非常不光彩的一項記錄（在二〇〇四年之前連續十三年高居第一名，二〇〇五～〇九年則為愛知居冠；二〇一〇年又與東京同時站上第一名的位置）。

理由之一，就是每條馬路都又直又寬，一不小心就會超速行駛。北海道的馬路都會在路肩預留讓除雪車堆雪的空間，所以單線道也如雙線道般寬廣。而且不只郊區，連在札幌市區內的交通運輸量也較日本其他地區來得低。

雪上加霜的是，生長在這遼闊之地，本就不拘小節（隨便？）的道產子[1]個性變得更加隨心所欲，即便限速五〇公里，也常開到六〇～八〇公里，自動把速限的標準放寬。簡單來說，北海道的居民常把馬路「擅自當成高速公路」。

計程車與公車司機也常常不遵守速度限制。因此，計程車即便看到紅燈，也要等到車頭超過停止線一大節才會停下來，讓不少外地的客人當下嚇出一身冷汗。然而司機本人卻是一派輕鬆地笑著說：「晚上的話，有時還會開到時速一百公里咧！」這種可怕的對白。哎呀呀，這裡是北海道嘛，不可以一直在意這些小事的啦……南無阿彌陀佛、南無阿彌陀佛。

但話又說回來，各位北海道的新手駕駛們還是要當個乖寶寶，可別一股腦地跟著衝！珍惜生命的話，離猶如F1狀態（？）的超車車道遠一點才是明智之舉。

潛規則2

幾乎都練習過打滑的開車技巧

Hokkaido Rules

即便是在夏天盡情放縱的任性司機，到了寒冷的北風吹襲的季節也會突然冷靜下來。冬季雖仍少不了跟下雪有關的交通意外，死亡人數跟夏季比卻是大幅下滑，而原因就在於每位駕駛人都願意遵守速限了。

這也難怪，畢竟北海道的雪道可不是普通的滑。自從釘胎被禁止後，這些道路被汽車的雪胎磨得簡直像溜冰場般光滑，寬闊的道路也因為路肩堆滿了道路除雪而來的積雪，狹窄到令人無法想像夏季的寬廣。

因此每到冬季，北海道的用路人就會小心控制車速，以打滑為前提跟前車保持足夠的距離。此外，為了避免追撞，即便看到黃燈也絕不能急著踩煞車。道產子在考駕照的時候，都會在駕訓班接受雪道講習，認真地學習從雪地輪胎痕脫離的方法與打滑時的因應之道。未曾受過北方大地特有的「菁英教育」的內地人（年齡略長的北海道人都這麼稱呼北海道之外的地區），大概就只能慎重一點，多踩煞車或避免急踩油門了。

不過，在這危險的「溜冰場」上，還能秀出華麗的「打滑絕技」的駕駛，就是計程車司機了。

假設你站在對面馬路向計程車招手，計程車就會馬上煞車，再順勢來個完美的U型迴轉停到你的面前。真是太帥了！

話雖如此，如果光顧著覺得「好像動作片的劇情！」而看到出神，某些亂來的司機可能會在起步時故意大踩油門讓輪胎空轉，將轉速瞬間拉高。單純的內地人可得多多留神。

剛拿到駕照、血氣方剛的道產子駕駛之中，也有人因為崇拜這類計程車司機而跑到寬廣的停車場努力練習這項打滑絕技。

真是的，這該說是天真嗎……！想當然爾，未曾經歷雪地磨練的內地人可千萬別輕易模仿喔。

我叫田中一夫
東京都出生
於札幌結婚、謀職
剛展開嶄新的人生
請問到哪邊？
麻煩到
札幌站
※與老婆的初戀邂逅請見P123
啊，那是反方向唷
咦～
不、不好意思
我還不太熟路
啊～
別在意
別在意
嘰
手煞車
嘰 嘰 嘰 嘰 嘰 嘰 嘰嘰
輪胎鎖死！
豪邁迴旋轉！！
嘎啊啊啊啊啊
特技專家
也會嚇得
臉色發青吧……
哎呀，
這可是冬季限定
絕招喲
沒下雪的時候
不會這樣做啦
因為輪胎會
嚴重耗損嘛～

潛規則3

每年都為了更換輪胎的時機而煩惱

Hokkaido Rules

「差不多到時候了吧～」「哎呀，還太早了吧～」

一到十一月，道產子之間就會出現這類煩惱的對話。到底有什麼值得如此煩惱呢？原來是在想何時該把夏季輪胎換成冬季專用的雪胎……。

這時可千萬別說「不就是個輪胎嗎」。因為住在雪國的北海道人可是將換輪胎視為攸關生死的大事。在顧及雪胎的磨損之下，他們當然希望撐到最後一刻再換上雪胎，但一入初秋就有可能突然下雪，晚上的路面也可能結凍，所以換輪胎這件事絕對不可等閒視之。

是換？還是不換？

一邊參考天氣預報與鄰居的車子，一邊如哈姆雷特[2]般每天煩惱。

平均的換胎時期落在十一月二十三日勞動節附近。這時會在加油站或汽車用品店的輪胎更換處看到長長的排列隊伍。反之，從雪胎換成夏季輪胎的四月底到五月初也會看到同樣的景象。除了輪胎以外，像是冬季專用的雨刷，或是把擋風玻璃清潔劑換成防凍劑等冬季配備也都是必須的。再者，為了避免車身結凍或冷風吹入車內，也得採用寒帶專用的特殊裝備。

嗯～真花錢。不過，對於討厭走路跟寒冷的北海道人而言，車子是冬天不可或缺的代步工具。為了舒適地度過寒冬，車子也得仔細保養才行。這就是北海道的潛規則！

潛規則4

「專用座位」絕不可擅坐

Hokkaido Rules

讓本書單刀直入地給各位忠告。

搭乘札幌地下鐵的時候，偶爾會看到沒人要坐的位子空在那裡，這時可別見獵心喜地覺得「好幸運，居然有空位！」，然後一屁股地坐下去！旁人就算沒當面糾正你，恐怕你已經暗自被貼上「沒常識」的標籤了。

如果看到車廂內有空盪盪的座位，那很有可能是「專用座位」。換句話說，就是為老人家、孕婦或身障者提供的座位。

要請大家注意的是，北海道使用的是「專用座位」這個字眼，而不是在日本本州常見的「博愛座」。或許你會覺得：「附近又沒有需要博愛座的人，先坐下又沒關係……」，但對北海道人來說「這是『專用』」，而不是『優先禮讓』的座位」，所以才會嚴格遵守這條規矩。明明開車都不遵守速限的他們，卻絕不會打破專用座位的禁忌，這般遵從禮節的地方還真令人感到不可思議。

不對，倒不如說「搭乘地下鐵時不坐下」才是主流吧。札幌的地下鐵路線分成東西線、南北線與東豐線，其中橫越札幌市的南北線從頭到尾的車程也不到三十分鐘，所以許多北海道人會因「馬上就要下車」或「搭車時間不長，站一下也不會累」的理由而不找座位。

沒錯，說不定在北海道搭地下鐵要站著才算有型?!請記住，不放過任何座位空隙，硬要把屁股擠進去坐的計較行為，是只屬於大阪大嬸們的專利。

還有一點要提醒大家，札幌的地下鐵座位上方沒有行李架。習慣走進車廂就反射性地把行李放上行李架的日本本州商務人士可千萬要注意！不然行李落了個空掉下來的話不但丟臉，更可能會給坐在下方的乘客造成大麻煩。

如此這般札幌地下鐵意外地充滿各種出乎意料的小陷阱。下次搭乘時，記得多觀察周圍、謹慎坐車，才不會不小心誤踩這些陷阱喲。

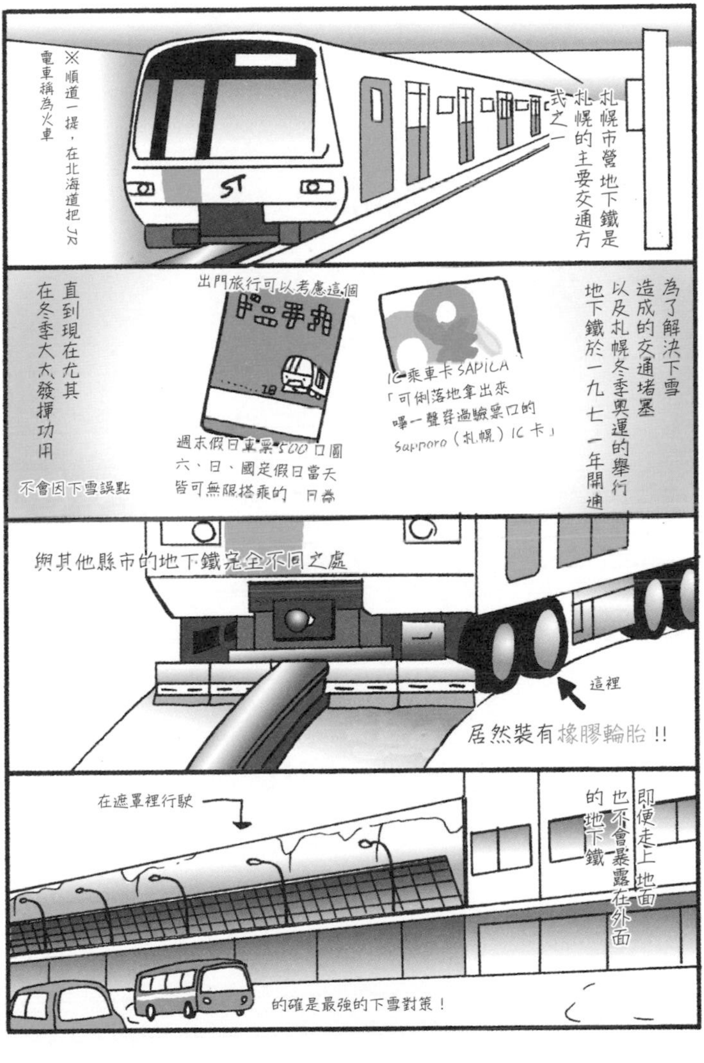

札幌市營地下鐵是札幌的主要交通方式之一
※順道一提，在北海道把JR電車稱為火車
為了解決下雪造成的交通堵塞以及札幌冬季奧運的舉行地下鐵於一九七一年開通
IC乘車卡SAPICA
「可倒落地拿出來嗶一聲穿過驗票口的Sapporo（札幌）IC卡」
出門旅行可以考慮這個
週末假日車票500日圓
六、日、國定假日當天皆可無限搭乘的一日券
直到現在尤其在冬季大大發揮功用
不會因下雪誤點
與其他縣市的地下鐵完全不同之處
這裡
居然裝有橡膠輪胎!!
即便走上地面也不會暴露在外面的地下鐵
在遮罩裡行駛
的確是最強的下雪對策！

潛規則5

道路都很筆直

Hokkaido Rules

接下來要請各位作答。請問「doudou」一詞是什麼意思呢？

是調教馬匹時的吆喝聲？像是在賽馬產地的日高一帶才通用？不，一般而言，這個詞代表的是北海「道」的「道」路——「道道[3]」。字面上雖然讓人混淆，不過真的是這個意思。

姑且先不談這個詞的來龍去脈，我們在12頁解說「擅自將每條路都當成高速公路」時，就提過北海道的馬路大多又直又長這件事。

能夠充分體會這股危險魅力的道路就是從札幌市通往道內第二大都市「旭川市」的國道十二號。其間從美唄市到滝川市之間的這段路更是被稱為「日本最長的直線道路」，據官方資料顯示，全長為二十九・二公里。

估計大概是從東京到神奈川橫濱市的距離都是筆直的道路。規模還真大！

北海道擁有許多筆直的道路的主要原因，是這裡的歷史並不長，多是先開拓馬路後，周圍才逐漸發展出城鎮。

明治政府是在一八六九年（明治二年）將此地命名為「北海道」，並設立開拓使一職。若從這時期算起，北海道的歷史還不滿一百五十年。「說起最近的戰爭，就是應仁之亂[4]的說」（假京都腔），與有這般悠久歷史的京都完全是兩回事。

走在無限延伸的筆直馬路上與其說會有好心情，不如說是會有點恍神。在這種情況下踩油門的那隻腳可能就不自覺地多用了點力、或是不小心就打起瞌睡也說不定……。
即便這裡的風土民情多麼寬容，這樣開車也會導致不堪設想的後果，請一定要注意！

Hokkaido Rules

交通篇

購物篇

食物篇

街道篇

詞彙．人際關係篇

生活百匯篇

潛規則6

去札站買東西比去大通划算

北海道的百貨業界正如北方大地般，陷入「寒冬」時代。從二〇〇〇年開始，十年內整個北海道倒閉的百貨公司約有十二間，算起來，平均每年都超過一間百貨公司倒閉。

其中唯一屹立不搖的，就是與「札站（札幌站的簡稱）」連通的大丸百貨札幌店。這間百貨誕生於二〇〇三年，除了具有與車站連通的便利性之外，還能順道前往「札幌StellarPlace」、「札幌ESTA」、「PASEO」、「APIA」這類商場或餐廳，因此吸引眾多想購物的北海道人聚集在這塊原是商業與政府機關集結之地。二〇〇九年，大丸百貨還一舉奪得札幌市內百貨業績第一名的榮冠。

而受到這股衝擊的是過去的商業核心之地「大通」（簡稱「doori」）附近。這裡雖有被尊稱為「丸井先生」的老牌百貨「丸井今井」以及三越百貨，但與現今札幌站周邊相比就略顯寂寥。

巧合的是，就在大丸登上札幌百貨業界第一名的二〇〇九年，丸井今井宣告經營失利，之後被三越伊勢丹控股併入旗下重整，直到今時今日。

北海道百貨業界的興盛榮衰也受到北海道人喜歡新鮮事物的個性影響。過去在北海道提到丸井，不會想到「ＯＩＯＩ」而是丸井今井才是常識。在消費持續低迷的現在，丸井先生能否抓住喜新厭舊（?!）的北海道人心，捲土重來呢？

潛規則7

整箱買、整批買是基本常識

Hokkaido Rules

「業務專用超市？倉庫？」。內地（本州）人初次踏入北海道的大型超市或超大型居家中心時，這種感覺常常不禁湧上心頭。

真不愧是土地多到有剩（？）的北海道。越是大型店鋪，店裡的商品也都是超大尺寸。大寶特瓶裝的調味料與酒類不足為奇，就連蔬菜也是整箱販售。

在這片遼闊大地栽培出來的北海道蔬菜與其說是碩大，不如說是精力旺盛。與東京超市裡軟趴趴、無精打采的蔬菜截然不同。

適合做大量採購的基礎建設也非常完備，例如寬廣的停車場（每一個停車位都非常大，導致道產子不太擅長路邊停車），甚至有些家庭還自備業務專用冰箱。

就算家裡沒有大型冰箱，到了冬天只要把沒開暖氣的房間當成冰箱使用即可（只是橘子有可能會變成「冷凍橘子」……）。對於本來就很怕冷的道產子來說，尤其到了冬天就一定要開車，從店門到家門無縫接軌進行大批採購。

如果不擅長開車，還是有強力的幫手存在。

那就是雪橇。出門時可讓小孩子坐在雪橇上，回程時則可將商品用雪橇運回來。這可是非常方便的活用術，也是北國的生活智慧！但話說回來，沒有人會把重要文件與電腦用雪橇載著上班的。預防萬一先跟各位提醒一聲。

潛規則7

冬天一到，「Danpu」是必備品

Hokkaido Rules

嗯……北海道人口中的「Danpu」既非裝有車斗的貨車，也非早期常出現在電視上的女子摔角選手(Dump松本……過時了嗎?!)。

北海道人所說的Danpu是指「媽媽鏟雪器」。這是一種在大型方型塑膠製畚箕上附加把手的除雪工具。

其特徵在於重量雖輕，卻能一次載運大量雪堆，讓女性也能輕鬆完成鏟雪作業。

最早是由位於新潟縣的製造商採用質地輕盈的塑膠材質，開發成握柄長度適合女性操作的樣式(在開發當時，新潟縣的男性在冬季通常得外出打拼，所以除雪是女性的工作)。後來因為「媽媽們也能像貨車一樣，一次運送大量積雪」，這項工具才被稱為「媽媽鏟雪器」。

也是因為這個緣故，原本只是註冊商標的名字到了現在已是除雪用具的代名詞。後來為了讓個子較高的男性不用彎腰就能使用而將握柄的長度改良過的「爸爸鏟雪器」也跟著上市。一接近雪季，就能看見這些色彩繽紛的鏟雪器或是名為「雪撥」的除雪用具在Homac之類的居家中心或便利超商陳列的景象，堪稱北海道冬天特有的風情。

因為是每天都用得到的工具，所以汰舊換新的頻率也非常高。請千萬記得，除雪用具的準備可是與輪胎更換或煤油暖爐的檢點同樣重要，都是在進入雪季之前就得先完成的作業喔。

潛規則9

買鞋子時很講究「鞋底」

Hokkaido Rules

土生土長的北海道人如果到了東京的鞋子賣場，有可能會遭受文化衝擊。那就是「居然沒有冬鞋！」

「冬鞋」顧名思義，就是冬天穿的鞋子。在北海道人的常識裡，冬天要替車子換上冬季配備，鞋子當然也得換成冬季專用。換鞋的重點在於「不易滑倒」&「不易浸溼」。道產子之所以能在雪地上行走自如，鞋子也有很大的功勞。

冬鞋的種類繁多，有的是可收納鞋釘的硬鞋底，但主流還是柔軟生橡膠製成的防滑鞋底。

因此，在買冬鞋時，姑且不論外觀的設計如何，北海道人一定會把鞋翻過來看，或是摸摸看鞋底，總之就是很注重「鞋底」的材質。深知鞋底差異的北海道人可自行分辨鞋底優劣，但初到北海道的人最好多向店家請教。

另一種選擇便是在自己常穿的鞋子底部貼上防滑貼。如果一下子買不到冬鞋，做為應急防滑貼也是個不錯的方法。

吃驚的是，北海道的雪道達人居然可以不穿冬鞋，普通地在雪地上快步前行。更厲害的是，女高中生甚至達到若無其事地露出雙腿走在冰天雪地裡的境界。無論如何，這些舉動北海道初學者都別輕易嘗試比較好。

在這裡也教各位不會在雪道上滑倒的祕訣。基本上，就是讓鞋底完全貼在地面，以短步距慢慢地「拖著腳步」行走。此外，斑馬線、人行道與車道之間的傾斜路面、有裝設地面暖氣的路面與沒有裝設的路面之間的分界也都是需要格外留意的易滑區塊。當然，看到綠燈閃爍時，千萬別急忙趕著過馬路。

就算被快步走在雪地上的北海道人從身後一一超過，也絕對不要覺得心急。若是得跟道產子一起走在雪地上，不妨事先拜託他們走慢點吧。

我叫田中一夫
東京都出生
於札幌結婚、謀職
剛展開嶄新的人生
啊
我的鞋不見了！
小道了，我的鞋去哪了？
因為都是夏鞋所以我收起來了
咦？
說什麼夏鞋那些都是很棒的皮鞋耶……
逼近
盡是些帥氣的義大利皮鞋
你這笨蛋！穿那種鞋可是會死在北海道的！
你看，鞋底這麼厚實很柔軟又有彈性！
按壓
這才是冬鞋！
北海道的冬天非穿這個不可！
每位道民都可一眼看出鞋底好壞
冬天穿皮底鞋出門簡直不可理喻！
認真！
心動
我第一次覺得小道子這麼可靠……❤

潛規則10

「Seicoma」是全日本最便宜的便利商店

Hokkaido Rules

走在北海道的街道上，不時會看到橙底白字的便利商店招牌。「Seicomart？很少見的超商呢」會這麼說的人，肯定是外來客。因為這可是在地備受愛戴，源自北海道的超商，簡稱「Seicoma」。「喔～不就是地域型的便利商店嗎」，可別這般小看它。早在一九七一年就誕生，不僅比7-11還早問世，也是歷史最為悠久的超商，各種嶄新的創意都搶先各大連鎖超商早一步實施。

比方說，在架上那些引人注目的自選品牌商品。如今看似理所當然的PB（Private Brand）商品，Seicoma從一九九五年就將這類商品命名為「零售品牌」，並且推出軟性飲料、便當、御飯糰、微波食品，目前已有超過一千種以上的自選品牌商品。

其中又以「北海道牛奶」、「調味成吉思汗羊肉」這些充滿北海道特色的產品線最受觀光客歡迎。由於這些超商多是在地酒商轉型而來，所以酒類，尤其是店家精選的葡萄酒更是值得一試。稱做「Hot Chef」這類在店內廚房自製的御飯糰、便當或是三明治的種類也相當齊全。雖然本州也有越來越多超商推出店內現烤麵包與現煮熟食，但Seicoma的做法還是領先全國。其中又以直接命名為「超大顆飯糰」的御飯糰最受食慾旺盛的男性青睞。順帶一提，「超大顆飯糰」與炸雞一樣，都是保溫販售（在北海道的超商即便買其他種類的御飯糰，結帳時也會被問「要加熱嗎？」）。

再者，最得主婦歡心的就是打折商品。Seicoma甚至還學超市在附近發起傳單，可說是在這超商與超市的界線益發曖昧的通縮時代，獨步領先的新型態超商（?）啊。

不過，Seicoma一些非二十四小時營業的門市，以及某些越來越有「個人小型雜貨店」風格的門市，對於北海道日益增加的「7-11粉絲」們來說並不欣賞，但Seicoma的這份悠哉感也正是其魅力所在。若想就近體驗北海風情，首先往Seicoma走一遭吧！

Hokkaido Rules

交通篇

購物篇

食物篇

街道篇

詞彙．人際關係篇

生活百匯篇

潛規則11

說到肉，就是豬肉

從札幌開車前往酪農業興盛的十勝地區，沿途可欣賞到牛隻在寬闊的牧場裡吃草的光景，象徵著身為酪農大國的北海道特有的悠閒宜人的景緻。

不過，北海道人平日最常吃的肉，並非牛肉而是豬肉。

其實北海道的養豬場也很多（主要在道南地區。請參見第8頁），而且就北海道全境來看，馬鈴薯燉肉裡使用豬肉的家庭也占多數。過去也有不少人在吃壽喜燒的時候加豬肉，豬肉味噌湯也是常見的菜色之一（把豬肉味噌湯念成buta iru，而非tonjiru，是北海道才有的念法。）

話說回來，明明叫「烤雞串」卻用豬肉代替雞肉，就算是豬肉文化圈，這麼做也太令人摸不著頭緒了吧……。

以這種掛雞頭賣豬肉的「烤雞串」為主力販賣的，正是以函館為據點的連鎖超商「長谷川商店」，俗稱「hasesuto」。

這裡的名產便是將豬肉串在竹籤上的「烤雞串」鋪在白飯上做成的「烤雞串便當」。

本來只是為了來買便當的客人，把「烤雞串」鋪在飯上做成的速食便當，現在已然變成全國知名的商品。說是在函館長大的藝人GLAY愛吃的食物這件事也帶動了知名度。

雖然現在已經另外開發出烤蔬菜串搭配雞肉丸串的綜合口味以及不少其他版本的烤雞串便當，但最受歡迎的還是正統的豬肉烤雞串。另外，豬肉烤雞串有分成醬烤口味、鹽烤口味之外，還有鹽醬口味與甜辣口味，只有懂得點醬烤與鹽烤混合口味的人，才稱得上是老饕。

其實在函館這類道南地區裡，「烤雞串」用的就是豬肉，若想點雞肉製作的烤雞串，還得特別在點菜時指明：「請給我用雞肉做的烤雞串」。

其他如室蘭市的「烤雞串」也是使用豬肉，中間挾的不是蔥而是使用洋蔥代替，然後沾黃芥末醬食用。在酪農大國北海道，豬肉的威力果然不同凡響！

相比之下豬肉能用較便宜的價錢取得或許也是豬肉成為主流的原因之一，不過做為度過寒冬的能量補充，豬肉也是個合情合理的選擇。

「為什麼烤雞串用的是豬肉？」，這種疑問北海道人可是會覺得莫名其妙的喔。

鍋子很重，而且又容易燒焦，所以大部分的人都選擇免洗鍋子！北海道人很精明吧！

潛規則12

吃成吉思汗烤肉之前得先確認「流派」

與豬肉並列，說起北海道就絕不可忽略的肉類料理，便是成吉思汗烤羊肉。

雖然已是全國皆知的北海道心靈食物，但各位可能不知道這道料理依吃法分成兩種「流派」。

其一是先將羊肉浸入醬汁醃漬的「先漬派」(滝川流)，以在滝川市設立總店的「松尾成吉思汗」為代表品牌。

其二則是根室、釧路、道南、道北沿岸(相關區域請參見第8頁)等廣泛區域常見的形式，也就是將烤好的肉浸入醬汁醃漬的「後漬派」(月寒流)。

這兩種方式分別源自位於滝川與月寒兩地的種羊場所推薦的吃法，但除了以地域區分之外，依個人喜好不同也會分成各種流派。與道民一起享用成吉思汗烤肉時，得先確認他們屬於哪個流派。

在這裡先提醒各位，即便同屬羊肉，但種類卻各有不同。最近廣受歡迎的是出生四～八個月、較無羊騷味的羔羊肉，不過許多成吉思汗烤肉愛好者則對出生十二個月以上的成年羊肉情有獨鍾。

此外，除了泡在醬汁裡醃漬好的真空包裝羊肉之外，後漬派的肉則有切成小塊的，或是捲狀的冷凍肉捲，種類非常多元。

因此要是聽到「要辦成吉思汗烤肉派對，所以去買材料吧」，最好先確認一下細節，以免在超市猶豫半天。購買醬汁時，也先問清楚大家喜歡的品牌吧（以Sorachi與Bellfoods最為主流。連醬汁也分成Sorachi派或Bellfoods派）。

了解食材的種類之後，就該熟悉成吉思汗鍋的使用方法。雖然會因先漬派或後漬派而有所不同，不過基本上都是將羊肉放在鐵鍋像山頂的上層部分燒烤，蔬菜則是鋪在山腳周圍，一邊吸收肉汁，一邊烤熟。（若使用便利超商賣的免洗成吉思汗鍋，為了防止燒焦會把肉放在蔬菜上「蒸烤」。參見第45頁）。當鍋緣蓄滿了湯汁，就可以將烏龍麵、年糕或義大利麵放進去當做收尾。

當然使用鐵板鍋或平底鍋也可以，但使用專用鍋才不會讓羊肉因為蔬菜的水氣而變得水水的，吃起來更加美味。

「果然，成吉思汗烤肉還是得用成吉（思汗）鍋來做！」，若有天不禁脫口而出說出這句話，代表各位也成為道地的成吉思汗烤肉愛好者了。

北海道有很多
好吃的名產
今天就由洛婕可我
來介紹個人心中的
排行榜！
題名當然就是
最近備受矚目的
當季名產
第3名
「馬鈴薯三兄弟」
在東京舉辦的
北海道物產展中
推銷員大力推薦！
じゃがポックル
與Jagabee薯條先生
很類似
但口感更酥脆
更好吃……的樣子
當地限定販售的
超人氣商品
連東京的物產展都沒出場過
第2名
「巧克力玉米脆餅」
調任到函館的
M先生送的土產
とうきび
チョび
把急速冷凍過的
玉米粒裹上
一層巧克力
巧克力與玉米的原味
絕妙的融合在一起！
口感也非常有趣！
外表跟玉米粒一模一樣
第1名
「六花亭的綜合酒糖」
道地的北海道人
K先生大力推薦
六種色彩繽紛的酒糖
紅酒／白蘭地／梅酒
薄荷／君度橙酒／藍靛果
總之就是賞心悅目！
又很時尚！
而且還很好吃
充滿大人風味的甜點
屬於高格調的土產！
直徑約1公分
像寶石一樣！
很容易碎掉
帶回家的時候要小心一點喔！

潛規則13

炸雞不叫炸雞，叫「zangi」

Hokkaido Rules

在介紹豬肉與羊肉後，接下來輪到雞肉。欸？你說這樣很沒節操？不對不對，凡事不拘小節才是北海道的行事作風，還請各位睜一隻眼閉一隻眼。

由於在日本全國的知名度日漸高漲，會問「zangi是什麼？」的人恐怕已成了少數派。zangi一般指的是「炸雞」，但在北海道，章魚或烏賊這類炸海鮮也被稱為zangi。其特徵就是把用醬油、大蒜或生薑調出的醬汁醃漬好的食材拿去油炸。據說發源地是釧路市的「鳥松」，然而在其他地區也有zangi專賣店。

話說回來，zangi這個意義不明的名稱到底是從哪裡來的？被認為最有力的說法是源自中文裡的「za-chi（炸雞）」一詞（二次大戰後有許多日本人從舊滿州或中國歸國回到北海道），也有人認為是來自將雞肉連骨切開（散切り，zangiri）的動作。此外，愛媛縣也有一種名為千斬切（senzangi）的炸雞料理。有關起源的真相可謂眾說紛紜，這也是擁有來自各地移住者的北海道特有的現象。

無論如何，從家常菜色、居酒屋下酒菜到便利超商熟食，zangi早已成為道產子餐桌上不可或缺的料理之一。

若各位能在居酒屋點菜時毫不遲疑地說出：「來份zangi」，而不是「來份炸雞」的話，那可說是擁有濃度極高的道產子DNA喔。

潛規則14

有時就是會沒來由地想喝「活源」

Hokkaido Rules

說到「活源」這個飲料，在北海道肯定無人不知無人不曉，不過內地人恐怕聽都沒聽過。

活源的正式名稱為「活源軟性飲料」，雖然在特定季節也會有葡萄或青蘋果口味等種類，但基本上就是優酪乳類的乳酸菌飲料。由Nippon Milk Community（MEGMILK）[6]生產並只在北海道販售。

據說一開始是在昭和初期作為軍人專用營養補充品而開發，在當時被稱為「活素」（katsumoto）。而這款歷史悠久的飲料為什麼只在北海道至今依然廣受歡迎的理由，與活源在乳酸菌飲料王者的「養樂多」登陸北海道之前，早已普及化的時代背景有關。

如今這款飲料不但是超商或超市的主力飲品，在有小孩的家庭更是冰箱裡的必備品。早期甚至會在夏天推出「活源棒」這種冰棒，「以前游完泳回家路上常常買來吃呢～」，對許多道產子來說是令人懷念的記憶。

同樣能套用「北海道限定流行」公式的還有「Guarana」。

「Guarana」是一種類似「Dr. Pepper」風味特殊的碳酸飲料。從昭和三十年代開始解除進口限制後，做為對抗「可口可樂」的黑馬在日本全國各地銷售。

而北海道在可口可樂的製造與銷售的起步上都較其他縣市來得慢，所以Guarana便搶先一步普及。這種走向延續至今，現存北海道的Guarana中小型飲料商與大型飲料商所銷售的Guarana竟多達二十五種左右。

談到活源，也有人從這個名字引申出試驗(gen)勝利(katsu)[7]的意思，而在考試或比賽前喝上一罐(在Nippon Milk Community的札幌工廠甚至設有勝源神社)。

此外Guarana原本是由亞馬遜原生木的果實製成，自古以來做為長生不老藥受到當地原住民的珍視。據說具有消除疲勞的效果，濃郁的滋味也讓不少Guarana愛好者為之瘋狂。

兩者都是兼具營養&靈驗的北海道限定飲料，說不定在談重要的生意之前或是奮力一搏的時刻來一口，就能坐收事半功倍的奇效?!

北海道人都極度愛吃甜食
或許是因為砂糖在早期屬於奢侈品的關係吧…這種好像是又好像不是的理由
北海道長大的K先生是超級甜食派 把整條煉乳拿來吸食或是直接光吃鮮奶油當做稀鬆平常的事
而且也有很多會讓其他縣市大吃一驚的甜食
「紅豆飯」是甜的
用的不是紅豆而是甜納豆
紅色只是用食用色素染的
但還是一定要加芝麻鹽
茶碗蒸是甜的
從外觀看不出端倪
裡頭放的不是銀杏
而是栗子甘露煮
而且
整體吃起來就像布丁一樣甜
北海道長大的K先生在東京第一次吃到茶碗蒸的感想居然是……
…沒味道
明明就有
路邊攤的「美式熱狗」也很甜（道東地區為主）
不是淋上番茄醬
而是撒上砂糖
好好吃！
還是有愛吃蕃茄醬＆黃芥末醬版本的人
難以置信！超愛甜食的北海道人!!

潛規則15

說到炒麵的泡麵，就想到「炒麵便當」

Hokkaido Rules

在本州提到炒麵泡麵，就會想到「Peyangu」或是「日清炒麵UFO」這些主流品牌，但在北海道最受支持的應屬「炒麵便當」，由東洋水產旗下的Maruchan在北海道所推出，是公認的第一品牌。

為什麼要叫「便當」呢？先別管這個問題（難道是因為正方形的包裝很像便當？），這個炒麵的特徵在於附了中式高湯粉包。

重點是用來加熱麵條的熱水不用倒掉，可以做為調開高湯粉之用。熱水中油炸麵的油脂恰好地跟高湯粉融和，所以比用一般的熱水泡更好喝，而且也不會浪費熱水。

醬汁的部分稍微偏甜，麵條則偏細。人尺寸的「巨無霸炒麵便當」（有兩球麵的份量）一份的熱量就將近一千兩百大卡，可說是飽足感超群的泡麵王者。

同樣做為麵類還想跟各位介紹的北海道限定平價美食就是釧路名產「鐵板豬排義大利麵（supakatsu）」。顧名思義就是在鐵板上盛上義大利麵（不是有嚼勁的那種）後再擺上豬排、淋上肉醬，正是讓肥胖者們無法抗拒的一道料理。

這道料理起源於釧路市的餐廳「泉屋」，也受到許多觀光客的青睞。雖說用鐵板當餐盤可以熱熱地吃完整道料理，但對於吃到後面義大利麵會變得又乾又脆這點卻是褒貶不一。

其他與豬排有關的還有在奶油飯（白色豬排飯）或蕃茄醬飯（紅色豬排飯）的上面放炸豬排的根室

名產「薄切豬排飯（Escalope）」。（根室還有荷蘭仙貝這項名產，俗稱「orasen」。但為何是荷蘭？）

或許大家會覺得，鄰近漁港的根室與釧路，新鮮的魚類不是更好吃嗎……但這道薄切豬排飯做為能即時滿足當地漁夫胃袋的料理，而得到長久以來的支持。

的確，若只知道佩服北海道的海鮮，那就還太嫩囉！想要讓自己更像道產子的話，就要學他們吃「炒麵便當」＆高熱量料理，一起囤積脂肪，度過酷寒的冬天！

說到北海道人的
平價心靈美食
やきそば弁当
就想到 Maruchan 的
「炒麵便當」
（東洋水產）
雖然與「peyangu」「UFO」
一樣是炒麵泡麵
但跟其他的炒麵比起來
有一點很不一樣！
那就是
附湯包
ふりかけ
中華スープ
①將熱水
倒入麵條
②先將中式高湯粉包
倒入杯子
③等待三分鐘
④瀝出熱水時
直接倒入杯子裡
這種經濟實惠性
不愧是
北海道魂！
可別往水槽倒！

潛規則16

紅豆飯用的是甜納豆，節分撒的是花生

北海道總能將來自各地開拓者導入的風俗，靈活地轉換成屬於北海道特有的文化，而這種轉換特質也充份反映在日本的傳統料理與節日上。

其中之一就是紅豆飯。仔細觀察超市熟食賣場擺出的紅豆飯上，那一顆顆藏在淡粉色米飯裡頭的大顆豆子……咦咦，難不成是甜納豆?!

北海道獨創的紅豆飯用的不是紅豆，而是甜納豆。入口時，會先嘗到淡淡的甜味，加上芝麻鹽做為提味，感覺就像是適合下午茶食用的日式甜點。

甜納豆版的紅豆飯是在昭和二十年代末期到三十年代之間普及，最初是札幌市光鹽學園女子短期大學第一任校長，同時也是料理研究家的南部明子老師為了讓小孩開心，以及讓忙碌的職業婦女也能輕鬆料理才研發出來的食譜。

由於只需要先將紅色食用色素拌入糯米與蓬萊米，再將甜納豆鋪在煮好的飯上就算完成，非常地輕鬆簡單（使用紅豆的紅豆飯也有在賣，但是大部分的道產子都表示「比較喜歡甜納豆版的紅豆飯」）。

與豆子有關的特色還有在節分[8]撒的是花生。理由是因為撒完之後掉在地上的花生也還能吃，所以連超市都會推出帶殼花生與鬼面具的組合販售。乍聽之下的確這樣比較合理。

因此，去拜訪北海道人家時，看到甜納豆版的紅豆飯請先拋開「怎麼紅豆飯是甜的？」這種成見，到了節分當天，也別忘了先準備帶殼的花生應景囉。

潛規則17

年節料理是從除夕夜開始吃的食物

Hokkaido Rules

即使如今已演變成在百貨公司買年菜，用簡訊代替賀年卡的時代，全家圍桌享用年菜，一起迎接新年仍是日本新年不變的風景。

但說起道產子家裡的新年餐桌，在吃完雜煮後，桌上就只有年節料理的剩菜。咦？這種「派對結束」的感覺是怎麼回事……？

是的，雖然每家有所不同，但北海道的家庭一般習慣從除夕開始吃年菜。不拘泥於習俗，當天煮好的料理，就要趁最美味的時候享用，算是北海道特有的合理主義？雖然這麼想，但如果追溯年節料理的起源，就會發現年菜本來就是在除夕夜吃的食物。北海道會在除夕吃年節料理（或是壽司、開胃菜拼盤）便是仿效這種舊習，其他如青森、岩手或石川等地也有在除夕當天吃大餐的習俗。

此外，同是北海道限定年末年初的食物之一的就是名為「口取」的新年甜點。這是一種模仿蝦子、鯛魚、松竹梅這類吉祥物外型所揉製的甜點，通常放在專用的漆盒裡販售。雖說只是裝飾品，但許多來到本州之後發現「口取」居然是北海道限定而感到震驚的北海道人也不在少數。

因此，北海道人與非北海道人結婚之後，很可能會為了何時吃年菜而爭吵，為了能和平地展開新的一年，還是建議事前先溝通一下吧。

潛規則18

糧食自給率高達二〇〇%！

「北海道生產」這個字眼蘊藏著無比的吸引力。就算是陷入經營低潮的百貨公司，都能藉著舉辦北海道物產展招攬客人；即使是同種類的魚，標上「北海道直送」，就讓人覺得好吃數倍。在日本四十七個都道府縣中，北海道的品牌力肯定是最高等級的。

除了品牌印象之外，北海道的物產在品質與供給量上也不容小覷。日本長期以來的糧食自給率低落問題，對北海道來說根本事不關己（？）。因為如果光看北海道，其糧食自給率居然高達百分之兩百二十一（以熱量權數計算，二〇〇八年度資料）。農產品產量與漁業產量同時高居日本全國第一名！

走進北海道的超市，架上的蔬菜、海鮮甚或乳製品當然大都是北海道產，若是剛從內地搬來北海道的人，簡直每天都像是令人振奮的北海道物產展！

但對於從小就被本地物產包圍的北海道人來說這是理所當然的事，而他們似乎也有點忽略了北海道這個品牌的真正價值。無怪乎偶爾會引來一些「食材與大自然一流、服務三流」（真失禮！）或「明明被賜與這麼棒的食材，卻沒有將其優點充分發揮」的辛辣評論。

近期北海道也不斷致力於開發與推銷活用當地素材的在地美食。的確，真的希望他們能努力將螃蟹與拉麵之外的北海道美食推廣至全日本。不過當然是以北海道人的本色，絲毫不勉強地，一步一步慢慢地……。

潛規則19

說得出北海道三大拉麵的差異

Hokkaido Rules

提到北海道美食，大部分的人應該會想到拉麵吧。然而北海道地大物博，每個地區都有不同的拉麵。在這裡就介紹一下這些拉麵之間的差異。

首先介紹的是札幌拉麵。對非北海道人而言，最有印象的應該是「札幌味噌拉麵」。這款拉麵來自一開始在路邊擺攤，後來在札幌市內開店的「味之三平」。據說前任老闆為了滿足單身外派客人「想在豬肉味噌湯裡加麵」的要求，而實驗性地著手開發這款拉麵。在這款味噌拉麵被介紹至全國各地後，「札幌＝味噌」的印象才就此深植人心。

不過札幌拉麵的真正始祖被認為應該是北海道大學前面的中國餐廳「竹家食堂」的醬油拉麵。現今由曾在札幌名店「菫」與「純連」鍛練手藝的人們，藉著開設「純連系」拉麵而形成一股強大勢力。他們採用的是中粗且帶有筋性的淡黃色捲麵，湯頭則以雞肋骨＆豬骨為基底、味道醇厚的味噌味（也有醬油口味或鹽味）為主流。

離開札幌來到旭川，便是醬油拉麵為大宗。用豬骨、雞肋骨當基底，加入海鮮高湯的濃郁雙重湯頭是其最大特徵，而除了經典的醬油口味，也有味噌或鹽味，根據店家不同在口味上也會略有差異。另一個特徵就是為了不讓湯頭冷掉，湯面通常會覆有一層豬油（脂肪）。這可是在極寒之地的旭川才有的生活密技。

從札幌南下至函館，則以清爽的鹽味拉麵為主流。只要說到拉麵，以剔透的鹽味湯頭搭配較柔軟的細麵，才是函館人心目中的經典。

札幌的味噌口味、旭川的醬油口味以及函館的鹽味就是所謂的北海道三大拉麵。然而最近躋身第四大拉麵並受到關注的便是釧路拉麵，是以柴魚高湯為湯底的醬油口味拉麵。此外，室蘭的咖哩拉麵也以平價美食之姿開始普及。

另一項希望大家認識的札幌名產拉麵就是拉麵沙拉（拉沙拉）。由位於札幌格蘭飯店的「北海道Dining Big Jug」做為夏季招牌料理而研發，比喻起來就像是中華涼麵的親戚，但硬要說的話還是比較偏沙拉類。許多居酒屋也都把它當成沙拉的菜色之一。

在各具特徵的拉麵百家爭鳴的北海道，實際上也有混合札幌風與旭川風的拉麵存在。說得更極端點，北海道人並不拘泥於在地拉麵，像是來自九州的知名拉麵店也有可能大排長龍。

或許是美食大國的游刃有餘，抑或源自移民的歷史背景，又或者只是喜新厭舊。就算是外來的料理又何妨，只要好吃就好！這才是真正的北海道風範。

Hokkaido Rules

交通篇

購物篇

食物篇

街道篇

詞彙．人際關係篇

生活百匯篇

潛規則20

聽到「南6西3」就能前往確切位置

「往minamigonishisan」（南5西3）附近走，馬上就能找到店了」

如果在電話裡聽到這種說明後，會立刻攤開地圖確認位置的話，只能說各位在成為北海道通之前，還有一段很漫長的路要走。

第一個要請大家先記住的基本要點是，北海道的街道是模仿京都或美國設計成棋盤狀，通常會以「○條△丁」的方式表現。

札幌之外的道東、道北地區的街道也多是相同的形式（歷史背景不太一樣的道南區域以及港口城市的街道就多半不是呈棋盤狀排列）。

以札幌市來說，南北基軸為大通（公園），東西基軸則為創成川。因此，若是聽到「南5西3」，就代表南五條西三丁目（一般都會省略條與丁），也就是從大通數來南側的第五條馬路以及從創成川數來以西第三條馬路的十字路口。

若要粗淺地說明札幌的中心地帶，店面較多也較繁榮的是西側，而非東側。到西6之前都算是鬧區。

在札站周邊開發之前，最為繁榮的是南2西2附近，而南6西3這一帶除了酒館，請記得這裡也有很多風月場所（在札幌這兩種店家常同處於同一棟住商混合大樓裡）。

順道一提，札幌的酒店小姐可是比東京的更為香豔動人（？），屆時或許能成為有用的情報……？

若是在北海道問路，也只會得到「往北走2，往東走1」這種說明，所以一定得先熟悉棋盤式的街道。也因為是很合理的構造，一旦了解，就能放心地在街上昂首闊步。

我叫田中一夫
東京都出生
於札幌結婚、謀職
剛展開嶄新的人生
山田，今天要去哪邊逛啊？
賊笑
要去很久沒去的南5西5的那家店……
喔～那幫我跟麗子公主問候一下啊
賊笑
南5西5??
那是什麼！
這樣就能聽得懂？
賊笑
田中啊～等會我們也整裝出發吧！
不過南5西5對新婚的田中來說還太早了
先去南5西2炒熱一下氣氛如何！
歡迎光臨～
咦，您是從東京來的啊
是的…真是不好意思
啊啊……原來是指薄野一帶啊

潛規則21

過度集中於札幌

札幌，從北海道總面積來看，頂多是個佔地七十五分之一的彈丸之地。

但在約為五百萬的道民之中，居然有將近四成的一百九十萬人集中在札幌市！

尤其住在札幌市外的年輕人之間，更是形成一股強烈的「札幌信仰」，有著一畢業就嚮往「想去札幌工作、想住在札幌」的傾向。

就與來自全國各地的人匯聚在東京一樣，北海道內身負各地文化的道產子也都聚集到札幌市，形成一種文化大融爐的狀態。這也是為什麼札幌並沒有太多的地緣限制，呈現出一副宛如新興都市欣欣向榮的樣貌。

另一方面，身為北海道第二大都市的旭川，最近也因為旭山動物園而打響名號，正緩緩地提升地位。此外函館也是在地意識強烈的區域之一。

函館從江戶時代才設立了松前藩的公家機關，並在日美友好通商條約簽訂後成為日本第一個國際貿易港口而繁榮（當時函館被稱為「箱館」）。許多長輩會將札幌以北的地區稱為「奧地」，儘管函館人口少於札幌與旭川，曾身為北海道門戶及其悠長的歷史仍讓在地人深感自豪。

就純樸（？）都市之間的對決來說，因「打鐵」而興盛的室蘭與因「造紙」而繁榮的苫小牧可謂勁敵。札幌市目前雖堪稱北海道的核心，但並不表示北海道＝札幌。碰上初次見面的道產子時記得確認對方的出生地區比較好喔。

潛規則22

要住在高級住宅區，就選円山或宮之森

Hokkaido Rules

從札幌市鬧區搭地下鐵，坐個三、四站左右，就會抵達一片閒靜的住宅區。這裡就是札幌市首屈一指的高級住宅區——円山、宮之森與藻岩山區域。

円山附近有賞櫻聖地的円山公園與北海道神宮，每到季節賞花遊客或新年參拜的人絡繹不絕。裏參道[9]沿路淨是時尚的餐飲店，從市外前來遊玩的女性及情侶也十分搶眼。而宮之森顧名思義，就是被森林圍繞的住宅區。除了有以貴族學校聞名的札幌聖心女子學院，還非常受到調職族的青睞，租金水準更是居高不下。

與高級住宅區截然不同的平民區就是手稻與琴似，還有南區這些地方。

南區只要離真駒內站越遠，彷彿北狐出沒、充滿綠意的大自然就近在眼前。手稻從札幌搭乘JR快速列車，大概十多分鐘車程即可抵達。此地雖是札幌近郊，但氣候卻與札幌相異，就算札幌天氣晴朗，人們也常譏諷地說：「手稻應該在下雪吧～」。

此外，札站周遭就好比東京丸之內，薄野便是新宿歌舞伎町。北海道大學所在的北十二條至北二十四條沿途都是學生向的平價餐廳，氛圍與東京早稻田大學周邊類似。

再者，札幌市的白石區則擁有(?)被稱為在地英雄始祖的雅樂戰隊White Stones(由大泉洋所屬事務所的代表鈴井貴之先生所企劃的不專業特攝連續劇。因為是專門守護白石區的戰士所以命名為White Stones)，若能先收集這類特殊資訊，肯定能靠這些「在地街區話題」與札幌人相談甚歡。

潛規則XIX

不太清楚札幌時計台的位置

Hokkaido Rules

常在電視節目或雜誌的北海道特集登場的「必遊景點」，就是札幌時計台。螢幕上西洋風的白色建築物與刻著古典風數字的時鐘滿載著異國風情，但實際走訪後卻發現意外的平庸，令人不禁懷疑「咦，就這樣？」

這裡原是北海道大學的前身，也就是札幌農學校的演武場，然而建築本身卻和其正統的歷史不符，做為觀光紀念地總有點令人失望。

更別說當地居民不但不會來這裡遊覽，而是根本就忽視了時計台的存在。甚至有時候問路他們也不知道地點在哪。

其他觀光指南必介紹的札幌羊之丘展望台及克拉克博士銅像、札幌電視塔、北海道廳舊本廳舍等觀光景點，當地人都不會去。這道理就跟東京人很少會去東京鐵塔玩一樣。

唯一一處觀光客與北海道人都會去的觀光景點只有旭山動物園。

旭山動物園是日本最有名的動物園，每年約有兩百萬人入園，對住在旭川市周遭的居民來說，是從小遠足時常造訪之地。而且園內常舉辦各種有趣的活動，隨著夏冬季推出的行動展示[10]也很受歡迎，因此在當地吸引了許多回頭客。

不過有一點需要特別注意，「旭山」動物園位於「旭川」市，而不是在「旭山市」，當然也不叫「旭川動物園」，請大家可別搞混囉。

潛規則24

讀得出歌志內、增毛這類的地名

Hokkaido Rules

之前我們曾提過，北海道從開拓使設立至今僅約一百四十年的歷史，但其實只從開拓的歷史來談論北海道並不正確。

這是因為在更久之前，北海道早有居住在鄂霍次克海南岸一帶的海洋人民（鄂霍次克人），之後又有愛努人居住於此。

詳盡地介紹歷史並非本書的目的，不過北海道才有的獨特地名約有八成是來自愛努語。若能了解這些地名的讀法與意義，道產子大概會對你佩服不已。

舉例來說，大家熟知的札幌（Sapporo）其實意指流經市內的豐平川，由愛努語的「satou（乾燥）」與「poro（大）」所組成（意思是在乾旱時期會乾涸的河川）。

被譽為日本人口最少的歌志內（Utashinai）市的原名則是「ota（砂）ushi（有）nai（河川）」。

難得有這機會，就為各位介紹一下這些有趣卻很難讀的地名吧。

「白人」不念成「Hakujin」，而是「Chirotto」，這是位於北海道中川郡幕別町的小村，語源是愛努語的「chiru・o・to（有鳥的沼澤）」。

其次是「濃昼」，這裡念法不是「Gokiburi」而是「Gokibiru」。這是位於北海道石狩市內的地名，語源為「gokinbiri」（岩石與岩石之間）。

最後要介紹的是「增毛」。這個地名的讀音不是「Zoumou」，而是「Mashike」，語源為

「mashukini」、「mashuke」（海鷗群飛的地方）。如果移居到這裡，說不定身上的毛髮就會變得很濃密?!

我雖然是土生土長的北海道人
K先生
但是道民之間也常會出現令人大喊「不會吧？」的趣事
大學時期
嗨 Pechika！
嗨～
Pechika？
我的綽號啦
因為我的老家是做俄式壁爐的
鏘——鏘
日本居然有日本人在製作俄式壁爐……！
↑沒禮貌
Pechika：俄羅斯式壁爐
順帶一提在釧路
聽起來好可愛❤
還有「rururan」這個地名
札幌市
S田K様
川上郡
ルルラン

潛規則25

公園設有烤肉區

「小時候都去哪裡遠足？」

若是這麼問道產子，札幌人多半會回答：「在家附近的公園炊事遠足」。炊事遠足，正如其名就是在遠足時製作料理。地點會是在公園等野外烹調食物，通常會做大家熟知的咖哩、豬肉味噌湯或是烤肉。也有學校會選擇北海道人的心靈食物——成吉思汗烤肉。

也有可能是因為這樣，所以北海道的公園都大得很沒必要（？），非常寬闊，常常都寬廣到能打高爾夫球的程度。實際上也有很多公園設有北海道盛行的公園高爾夫球場。

當然，公園也設置了能進行炊事遠足的炊事場地與烤肉設備。即便沒有相關設備，也有很多像円山公園會允許在花季自備瓦斯爐或是生火道具。成吉思汗烤肉之所以能成為賞花首選的主食，就是因為有這類公園存在。

除了在公園裡烤肉，也常看到學生們在北海道大學的校園裡舉辦「成吉趴」（成吉思汗烤肉派對）。為了滿足這類需求，學生合作社甚至推出內容包含肉、啤酒與鍋子的成吉思汗烤肉組。

感覺上，不管是公園、海邊、河邊還是大學校園內，只要找到空曠的地方就是成吉思汗烤肉或燒烤的時間。所謂的道產子魂（？）就是這麼一回事吧。

若是將焦點放在成吉思汗烤肉於北海道紮根的歷史，可追溯到北海道在開墾初期的明治時代開始飼養綿羊後，為了能善用綿羊身上的每個部位，於是著手研究料理羊肉的方法。後來才又衍生出所謂的「先漬派」的滝川流與「後漬派」的月寒流，至於關於流派的詳細就請參考第46頁的內容。

目前北海道所飼養的羊隻數量已逐漸減少，所使用的羊肉大部分都是進口的，不過在北海道開墾歷史中誕生的成吉思汗烤肉＝北海道心靈食物的地位至今仍屹立不搖。即使看到道產子毫無預警地準備料理成吉思汗烤肉，也請以寬大的心胸在一旁守護著他們吧（？）。

Hokkaido Rules

交通篇

購物篇

食物篇

街道篇

詞彙．人際關係篇

生活百匯篇

潛規則26

北海道人說話沒有口音（？）

北海道人雖然凡事不拘小節，但對於語言卻有無法退讓（？）的主張。那就是「北海道人沒有口音」這件事。尤其札幌居民更是認為「自己使用的是接近標準日語的語言」。

實際的情況又是如何呢？其實北海道的方言大致上可以分成內陸地區使用的語言，以及函館等道南沿岸地區使用的語言（濱語言）。

簡單來說，全國各地移民匯聚的內陸地區使用的語言較接近標準語，所以沒什麼獨特的口音，而沿岸地區的函館等地所使用的詞彙與音調則與鄰近的東北地區的口音比較相似。

比方說濱語言在附和對方的時候，習慣使用東北腔的「ndanda」，而「totemo（很）」則說成「gattsuri」、「jaane或baibai（再見）」則說成「sebane～」，都是很獨特的表現方式。即便同處北海道，對札幌或其他地區的道產子而言，這些人都是異質的存在。

如此這般，如果說起札幌與內陸人到底有沒有口音，其實音調上還是有些差異。例如「isu（椅子）」、「ko-hi-（咖啡）」的發音，北海道人會把一開始的「i」與「ko」的音調提高，也會加重重音。而「terebi（電視）」則是加重提高發音「re」，「koko（這裡）」與「soko（那裡）」會將最後的「ko」拉高。嗯，果然還是有口音啊?!

潛規則27

垃圾用「投」的，手套用「穿」的

Hokkaido Rules

「請不要在此投擲雪」

看到貼在空地或路邊的警告標語，千萬別傻傻地問：「這裡是禁止打雪仗的區域嗎？」

前一項潛規則雖然提到北海道人的口音不重，但是在同一個單字上，可能與標準日語有著不同的用法。

有些道產子甚至相信這些用法是全國共通(?)的，為了避免混淆在此跟各位做個說明。最具代表性的就是一開頭使用的「投」。這個動詞雖然也做平常「投球」的「投」使用，但更多時候是代表「丟」的意思。

因此，開頭提及的警告標語是指「別把鏟下來的雪丟棄在這裡」。「丟垃圾值日生」也會寫成「投垃圾值日生」。

聽到「順便把垃圾投了吧~」，應該走去垃圾站(北海道人所謂的垃圾集中處)才是正解，不然要是把垃圾從遠處一投進洞到垃圾筒還暗自得意，可就大錯特錯了。

其他還有「穿[11]」這個動詞不只用在穿襪子或鞋子的時候，也在手套的時候使用。手套是用「穿」的，像是：「天氣很冷，穿上手套比較好吧？」

讓我們先回到一開始的話題。鏟下來的雪到底要「投」到哪？這在冬季的北海道是個好問題。丟在馬路上可是會妨礙交通的所以絕對不行。

基本上雪會丟在固定的集中地點或是空地，但如果處理的方法太隨便，可能會招致鄰居的不滿（參見112頁）。在北海道要注意的不是亂丟垃圾而是亂丟雪（?）喔！

我叫田中一夫
東京都出生
於札幌結婚、謀職
剛展開嶄新的人生
那我出門囉～
慌慌張張
啊
一夫～
啾～
拿出
這個
順便幫我投到垃圾站！
垃圾
嗯？怎麼了？
出門前來個親親嗎？
垃圾站?!
投出去?!
而且還沒有親親！
看我的
接住
轟隆
ゴミSTATION
難道北海道的
垃圾處理超先進？
結果除了名稱
跟東京沒什麼不同
ごみステーション
火金 水 木
啊！原來是叫我
「丟」垃圾啊？

在東京叫「垃圾集中處」

潛規則1

很常用「waya」或「shitakke～」

Hokkaido Rules

除了前一項潛規則提及的與標準日語有不同意義的用法之外，北海道方言的獨特語感也令人印象深刻。

其中一旦能自由運用就可以拿出來炫耀的便是「waya」與「shitakke」。

首先是「waya」。「waya」是「wayakucha（亂七八糟）」的縮寫，據說語源來自關西（名古屋也有同樣的用詞）。意思同原意，都有「亂七八糟、很誇張、處理不來」的意思，通常當成修飾語或形容詞廣泛使用。

比方說「房間現在很waya……」，意即「房間現在很亂……」。

招待身為道產子的男（女）朋友來玩時秀幾句，肯定能拉近彼此的距離。

又或者在融雪時馬路變得冰水交融時抱怨一下：「雪都融化了，真是waya啊～」，馬上變得像個道地的北國人。

再者若能將「哇，這是什麼！」這類驚嘆語氣直接用「waya！」取代，那真的已經是高階用法了。

另一個「shitakke」的用法就稍微複雜一點，主要是「jaane（先這樣囉～再見）」的意思以及串起對話的時候使用的接續詞。

後者是在與朋友對話之際，當成「然後阿～」的意思使用。以英語裡的「～you know,（跟你說喔～）」這種感覺使用，就算是及格了。

當然，北海道的「shitakke」與標準日語裡的「～shitakke?（有這種事嗎？）」，用法是完全不同的。

若是聽到「shitakkesa～」，可別回答：「怎麼了嗎？」，否則當下的氣氛可就尷尬囉。

我叫田中一夫
東京都出生
於札幌結婚、謀職
剛展開嶄新的人生
北海道新聞
嗯嗯，就是說啊～
Shitakkene～
嗶
咦？
你做了什麼嗎？
啊啊
在北海道「先這樣囉～」
會說「shitakkene」啦
難不成其實是說我們的婚姻「sitakkene」想要默默離開我吧！
咦!!
小道子好過份!!
一夫就是這點最教人生氣

潛規則29

語尾會用「～ssho」

Hokkaido Rules

如果想要輕鬆扮演道地的北海道人，也可以試著在語尾加上「～ssho～」。

例如「iideshou（可以吧？）」這種做再次確認或徵求同意的說法，可改成「iissho」，而「ikuyone？（要去吧？）」這類詢問句也可以改成「ikussho？」，前者「ssho」的音調往下，後者則是稍微向上。

其他的語尾表現還有部分男性會在語尾加上「dabe（ya）」，但女性或年輕人很少使用。而代表「iindenaikai（不是挺好嗎）」這種「～kai（？）」語尾（委婉的斷言或疑問），感覺上是和善的大叔才會用。

此外，也聽過打招呼時把語尾用過去式表現（較年長的北海道人常使用），例如接電話的時候會說：「〇〇（自己的名字）deshita[12]」，這時可別在心裡疑惑：「咦？怎麼剛接起電話就用過去式？」

北海道從以前就習慣將問候語以過去式呈現，像是「konbanwa（晚安）」會說成「obandeshita（obandegozaimashita）」。所以這種「以過去式報上姓名」的表現便是其延伸。

或者這也可說是不適當的打工用語「（您點的料理）yoroshikattadeshouka[13]？（這樣就可以了嗎？）」的先驅。雖然北海道的過去式用法令人感到不可思議，但如果能靈活運用的話，就表示完全掌握北海道方言的日子已近在眼前。

潛規則30

冬天提到溫度
不會特意說「零下」

Hokkaido Rules

一開始先跟各位說清楚。

道產子覺得零下二～三度的氣溫根本不算寒冷（北海道方言中寒冷說成「sibareru」）。寒冷度首屈一指的旭川市，一月平均最低溫為零下十二度，平均最高溫為零下四度，二戰後還曾留下零下四十一度的記錄（須發日本極寒之地到達證明書的幌加內町母子里曾到過零下四十一．二度）。

這種溫度下是眉毛與鼻毛都會結凍，連眨眼都有困難。據說只要超過零下二十八度，肺泡就會結凍，導致無法正常呼吸。所以北海道人得賭上性命度過冬天，也必須每天收看氣象預報。如果不小心醉倒在路邊，肯定會凍死。有養狗或寵物的人，也絕不能放養在戶外（因為就連哈士奇也可能凍死……）。

即便這種極端氣溫只出現在豪雪地區，但北海道的冬季氣溫在零度以下是常態，因此在提到氣溫時，不會刻意加上零下兩個字。而當氣溫上昇至正值，就能聽到北海道居民彼此的對話：「今天還真是暖和啊～」。

話雖如此，能夠就此斷言北海道人不怕冷嗎？正好恰恰相反！尤其去到暖氣較弱的內地時，很多人更是會抱怨連連：「這麼冷的地方哪能住人啊！」

這是任性？還是反環保？別這麼說嘛，這是一年有半年都是冬天的北海道人才有的禦寒策略。畢竟逞強也無法戰勝嚴峻的冬天。實在是莫可奈何啊～。

潛規則32

「不給寫」跟「不能寫」是兩碼子事

Hokkaido Rules

跟北海道人聊天，常會聽到不可思議的被動式文法。
「這枝筆，不給寫（沒辦法被寫）」。
「這個按鈕，不給按（沒辦法被按）」。
這時候要是反問：「咦？你是說你不會用筆寫嗎？」或是「是說你按不下去按鈕吧？」，有可能還會演變成跟強力主張「我不是說不能寫，而是不給寫！」的道產子爭執不下的場面（？）。
那可就誤會大了。
各位或許會覺得這些說法都差不多，但對道產子來說是有微妙差異的。
所謂「不能寫（kakenai）」、「不能按（osenai）」是「自己做不到」，把責任歸咎於自己的意思較強烈。
但是「不給寫」或「不給按」則強烈表達「我想著要寫（按），但是筆（按鈕）壞掉或是墨水沒了，根本寫不出來～！全是這些傢伙（筆與按鈕）的錯啦～！」的意思。
某種意義上這算是逃避責任（？）的方便藉口，用來提醒別人也很好用。
這種用法的好處是例如「電燈沒給你關掉喔（你電燈沒關喔）」聽起來就遠比「你電燈根本沒關嘛！」的語氣緩和許多。

這真是繼過去式之後，非常不可思議的說話方式。

這或許是北海道人不去計較瑣碎的事，以柔和的態度跟異地人相處時所衍生的婉轉用法也說不定。

我叫田中一夫
東京都出生
今天要說說結婚登記的小故事
那個
請你跟我交往！
咦～該怎麼辦呢
在東京的大學相遇
與來自北海道的道子
交往第6年
雖然幾經波折……
追隨突然回到北海道的道子
小道子！等等我
歷經百般辛勞
總算在札幌找到工作
換工作的動機是為了追隨女朋友！
終於在今天辦理結婚登記！
無限感慨！
結婚申請書
丈夫
妻子
姓
名
姓名
田中
一夫
抖個不停
小道子!!
這
都這時候了還在猶豫?!
欸
那個
是筆不給寫啦！
是筆它！
才、才不是我的問題喔?!
大受打擊

潛規則32

婚宴採會費制

Hokkaido Rules

收到喜帖時，「到底該包多少？」，應該每個人都曾經為這件事煩惱過。

考慮到與對方的交情以及舉辦地點，剩下就是荷包狀況與要不要裝闊氣……。

不過，在婚宴以會費制為主流的北海道就很少遇到這類煩惱。不對，他們根本不用「婚宴」這個字眼，而是統稱「結婚祝賀會」。

主辦方並非新人的家族，而是發起人（多數是由朋友擔任，也有新人自己當主辦人）。會費大概介於一萬日圓～一萬數千日圓之間，而且可以直接從錢包拿錢出來付就好，非常方便。

近親一般也是會費制，但親戚或是親友則通常會另外給紅包或是禮物，不過還是比招待制[14]行情低，大概是一萬日圓左右。宴席也只限會費能支付的料理，不會提供小紀念品或頂多就是小餅乾，也很少幫忙出交通費用。

由於能輕鬆參加，所以參加人數多到像明星的婚禮一樣，形式上也比較不像宴席而是續攤的氣氛（虛榮的有錢人有時則會故意改成招待制）。

普遍認為會費制是北海道特有的婚禮文化，但其實是一九五〇年代，為了聲援日本戰後復興而於全國實施的「新生活運動」之一。

本是為了減少生活支出、改善婚喪喜慶和廢止形式化的禮節而提倡的運動，大部分地區卻幾乎沒有沿用。之所以在北海道得以普及，全是因為北海道人不受舊禮所縛與家庭意識較不強烈的風土民情所致。

不過，當北海道人與來自重視傳統婚禮的地區的人結婚（像是對紀念品的大小鞠躬盡瘁的名古屋人），雙方家長與親戚之間的辯論大會就可想而知了。

雖然北海道的離婚率居高不下（參見110頁），但為了防止像成田離婚一樣的千歲離婚[15]（或是婚宴離婚）發生，事前先仔細交流談心才是首要之務。

北海道的婚禮
較其他縣市獨特！
尤以「會費制」最為有名
由新郎新娘各自的朋友
擔任發起人
負責主持儀式
（有時會交由場地方主持）
會場外的牌子
不會寫兩家的名字
而是寫上新人的全名
田中一夫
海邊道子
婚宴會場
交談
交談
新郎母親參加的排球隊裡的朋友
跟新人本身
不認識的人也會不請自來
參加人數超過100人
是稀鬆平常的事
座位表會附上收據
收據
領收 13000元
上述金額已於
結婚祝賀會領收。
若是穿著黑色服裝到場
請問是哪邊的家屬呢？
就會被所有人這麼問
（一般是不穿黑色的）
只是新人的朋友
不知為何婚禮紀念品
常常是火腿呢～
香腸
火腿
經濟實惠的火腿與香腸。
小甜點或餅乾也很常見。
都是能吃的東西啊…？
因為婚禮紀念品的行情
大概就1500日圓左右
追求實惠與居家感
正是北海道風格的婚禮！

潛規則33

離婚率非常高

Hokkaido Rules

北海道的離婚率在日本國內也是數一數二的高（在不動如山的首位沖繩之後，與第二名的大阪互不相讓，暫居第三名），但與結婚率及離婚率同高的沖繩或大阪不同，北海道的結婚率偏低，離婚率卻偏高。出生率在政令指定都市[16]之中也是最低水準。

理由之一便是地域血緣的約束力較為薄弱，這點可從雙方不舉辦家對家的婚禮中窺知一二。家族史也頂多三～四代，就算離婚，既然沒有幾個會說三道四的親戚，也就沒有一定要生一個「傳宗接代的男孩」的傳統。

此外領取生活補助費的家庭比例也偏高（全國第二名），可見經濟層面上也隱藏著問題。加上從開墾時代開始，男女就必須平等的勞動與生活，所以女性依附男性生活的觀念較不普遍，也是導致離婚率偏高的原因之一。

而實際上北海道女性也表示「北海道男性有點不太可靠」。雖然有個體差異，但從歷史與經濟層面來看，會說出「跟著我走就對了」這種傳統日本男兒似乎真的不多，反而是能放開心胸清楚表達自我意見的女性比較多（雖不知是否有關聯，不過女性吸煙率偏高也是北海道的特徵）。

由於日照時間較短，所以一般認為北海道有許多肌膚白皙的美女。給沉溺在薄野一帶的男性們一個忠告！在這些女性的美貌背後，可能有著不輸給北海道酷寒的強硬作風……若是愛上北海道美人，記得要努力工作才不會被嫌棄喔。

潛規則34

雪的善後方法會影響鄰里關係？

Hokkaido Rules

半夜開派對、寵物隨地大小便、小孩的哭鬧聲、播放的音樂聲——會與鄰居起爭執的原因有千百種，但在北海道要特別注意的就是處理雪的方法。也就是鏟除的雪堆的善後工作。先不談有管理員或清潔業者負責的大樓，一般獨棟的民房從門口到玄關以及玄關前方的步道，都屬於該戶人家的除雪範圍，這也是北海道的不成文規定。而鏟下來的雪該丟往何處也是一大問題。

通常會利用媽媽鏟雪器（參見32頁）將鏟下來的雪運到附近的集雪場，再由除雪車運走。不過也有可能因為到底有沒有故意或不小心把雪往鄰居那邊丟而引起衝突。

可別說「不過就是雪啊」這種話。除雪可是左右著道產子的生命線。

由於這件事可能會導致鄰里關係破裂，即便是上班之前急著出門，也得慎重地處理「丟雪」這件事。

覺得「這種麻煩事我可不幹」的人，也可裝台融雪機應付。融雪機分成埋地型與移動型兩種，只要把雪丟進機器裡，就會以熱風或熱水將雪融化。此外，停車場若有裝設地面暖氣，將堆在車上的雪直接掃到地上去即可（否則還是得想辦法把掃下來的雪處理掉，不然車子還是動不了……）。

只可惜這些設備的早期投資得花數十萬到一百萬日圓不等，而且還得付瓦斯費跟電費。

嗯……在這個不景氣的時代，實在有點嚴峻……。

如此這般，道產子冬季的早晨就從勤奮地除雪開始！

總之，初來北海道生活的人，最好趁著夏天先培養早起的習慣吧（？）。

Hokkaido Rules

交通篇

購物篇

食物篇

街道篇

詞彙．人際關係篇

生活百匯篇

潛規則35

昔日巨人迷，今日火腿迷

由於擁有各地外來移民入住的歷史背景，北海道始終缺少一個凝聚向心力的契機，更何況北海道佔地寬廣……不是嗎。

不過從二〇〇四年開始，風向改變了。日本火腿隊將大本營移往札幌巨蛋後，北海道日本火腿鬥士隊就此誕生。在希爾曼[17]總教練底下，「新庄剛志」改稱「SHINJO」，以盛大的演出同時宣佈加入球團，頓時引爆道民的棒球熱潮。

實力派的稻葉篤紀、外表與實力兼具的達比修有（已進軍美國大聯盟。雖然不捨……但我們期盼著你回來的那天！）的加入，使得女性也球迷不斷增加。在二〇〇六年榮登睽違四十四年的日本第一時，更是轟動了全北海道！

爾後的人氣依舊不減，二〇一〇年三月北海道新聞對道民進行問卷調查後發現，有七成的回答者表示職棒隊伍中最喜歡日本火腿隊，八成的回答者將棒球當成日常的話題，在道民心中在地職棒隊伍的誕生讓運動更貼近生活。

沒錯，日本火腿隊讓全體道民共有了相同的價值觀，也是能夠一起共襄盛舉的「象徵性存在」。

日本火腿隊之所以能擄獲道民們的心，主要是球團對於在地球迷的服務。比方說，為了方便北海道道民前來觀賽，推出了「namara[18]票」（指定區域的道、市、區居民或在職者享有一壘內野對號座一律一千五日圓）以及「715票」（平日夜間比賽七點十五分之後的入場者，能以平常票價的一半入場觀賽）。

還有能製造邂逅機會的「聯誼座位」與女性限定的「灰姑娘座位」等別出心裁的嘗試也引起了不少話題。

透過這些手法，尤屬親子球迷與女性球迷增加許多。一到假日的球賽，便能看到球迷們穿著黑色或灰色的球服，手上拿著粉紅色的加油棒、毛巾或是「粉紅色加油大手」。最能體現這種團結力的就是當稻葉選手上場，球迷們的「稻葉跳躍」（球迷會站起來不斷跳動）。這股足以撼動札幌巨蛋的振動幾乎等同震度三～四級的地震（？），現場激動的氣氛也能從不斷搖晃（！）的電視轉播畫面中感受到。

而且火紅的手帕王子齊藤祐樹也成長為一名可靠的球員。在迎來栗山英樹總教練之後雖然再度爆發一陣棒球熱，但某些道產子的心中卻感到一絲苦悶。

其實在日本火腿隊到來之前，多數道產子是巨人隊的球迷，到現在也還有人堅持為巨人隊加油。對他們來說日本火腿隊的球迷不但是背叛者，也暗自認為：「怪不得北海道人會被說是喜新厭舊又盲目追求流行的傢伙」。所以最好別在道產子面前隨便批評巨人隊喔。

北海道日本火腿鬥士隊所屬
稻葉篤紀選手
當他站上打擊區
現場觀眾就會一同
以俗稱的「稻葉跳躍」
替他加油
畫得不像真抱歉……
稻葉選手出場後
在唱加油歌之前
啦～啦啦啦啦啦啦～
跳跳
跳跳
一起跳動！！
稻葉 加油！
跳跳
輪到稻葉選手打擊時
不可使用中外野計分板的
鏡頭畫面
因為
鏡頭會不斷搖晃
讓觀眾「暈車」
好不舒服
順帶一提若是在
禁止稻葉跳躍的球場比賽
觀眾們會改以屈伸膝蓋的
「稻葉深蹲」來加油……
搖晃
上下搖晃
嗯…
感覺跟跳躍
沒兩樣啊……
視覺上來說
畫面一樣搖個不停
贊助商從觀眾席拍攝的 YouTube 影片

潛規則36

不可隨便碰觸北狐

Hokkaido Rules

前往離札幌市不到一小時的地方，就能將大自然美景盡收眼底的北海道。外地人來旅行時碰到的話一定會攝影留念的北狐，在這裡是校園常見的動物。當地人早已見怪不怪，更不可能會特意去觸摸北狐。

畢竟北海道人都知道北狐身上有一種名為「胞條蟲」的可怕寄生蟲。若是隨便摸北狐而感染這種蟲，嚴重的話可能致死，所以道產子從小就被父母再三叮嚀遠離北狐。

此外最近因極端氣候導致野生動物食物短缺，所以熊在人類住家附近出沒的事件頻傳。身為北海道人，防熊（棕熊）對策也已成為日常必備技能（？）。

例如登山的時候，要沿路讓鈴鐺或收音機發出聲響，讓動物們知道人類的存在，這也是一種登山禮儀（也有防熊鈴可用）。除了聲音之外，據說使用髮膠這類會散發味道的物品也很有效果。若想更像登山高手，還可沿途大喊「呵咿、呵咿、呵咿」。由於熊有捕獵本能，所以遇到的時候背對著逃跑可是大忌。

如果不幸遭到熊的襲擊，可以使用「防熊噴霧」（就是催淚瓦斯）與之對抗，但由於得正對著熊的臉噴才有效，所以只能當成最終手段來使用。還有防熊噴霧與防蚊液是完全不一樣的東西，可別犯下對著自己噴的這種傻事喔。

另一說法認為遇到熊的時候，可以丟飯糰給牠轉移注意力，但這畢竟是少數派的意見，效果如何實在不敢保證。

不論這些方法正確與否，都是與嚴峻的大自然以及野生動物並存的道產子才有的生活智慧，絕不容小覷！

我叫田中一夫
東京都出生
與北海道出生的小道子
過著甜蜜新婚生活
這次要介紹大學時期
發生的故事
小時候，常看到狐狸過馬路的景象喔！
好棒喔
好有北海道的風格～能摸摸牠們嗎？
不可以碰狐狸！因為牠們身上有胞條蟲！
猛站起
咦？胞…？
嚴厲
就是狐狸身上的寄生蟲！感染之後有可能會死掉的！
您點的生切烏賊來囉——
我最喜歡吃生切烏賊了
我開動……
唰
不行！要先檢查有沒有異尖線蟲！
異、異什麼？
就是寄生蟲！生切烏賊裡常會有喔！
…啊，這應該沒問題 烏賊都已經死了
笑咪咪
小道子好厲害喔❤
覺得將來一定要跟小道子結婚的瞬間……
原來東京的生切烏賊是白的啊
喂！

潛規則37

根深蒂固的北大信仰！

有著充滿歷史感的學院風建築與白楊樹步道，深受觀光客青睞的北大（北海道大學）。更不用說這裡也是北海道高中生嚮往的大學。當然也有人想去內地的東京大學或京都大學就讀，但與其去私立的早稻田或慶應等知名私立大學，那還不如讀北大！在北海道，只要能考取北大，就是一件非常風光的事。

因此，一旦過了大學入學考試的季節，北海道、札幌的補習班就會張貼「〇名考取北大」的廣告，而排名較前的高中（札幌的話，就以札幌北與札幌南這兩所為雙璧）也會聽到「我們學校今年有〇人考上北大喔！」的對話。

北大的前身是以培育北海道開拓人材而設立的札幌農學校。第一任校長的克拉克博士與校內第一屆學生離別之際所說的「Boys be ambitious.」（少年們，要胸懷大志！）也有名到讓一些對此抱著莫名（？）憧憬的內地人選擇北大為第一志願。做為風靡一時的人氣漫畫「迷糊動物醫生」的舞台（作品裡稱為H大）也炒熱了學校知名度，甚至導致那陣子希望就讀獸醫科的人數急增，競爭比以往都來得激烈。

此外，北大廣闊的校地面積約有三十八個東京巨蛋之大（！），所以校內學生基本上都是使用自行車代步。一到早上上學時間，就會出現像曾有「自行車王國」之名的中國當地一樣的自行車潮。如果在早上去參觀北大，可要小心別被自行車輾到了（？）。

除此之外也要特別留意校園內的克拉克博士像。北大版的是半身像，而指著「明天之後的方向」(到底是指向哪裡啊？)的知名克拉克博士雕像則是位於札幌羊之丘展望台(參見79頁)。如果冒失地跑來北大，還說：「咦，怎麼沒有指著方向！」，這種顯而易見的錯誤可別犯啊！

另一點值得注意的是，來自內地也有很多希望就讀北大的學生(學生中約有六成是外地人)，而大學入學考試會是在下雪的季節舉行。既然是為了考試才來北海道，要小心別在雪國的道路上慘遭「滑」鐵盧，鎩羽而歸囉。

北大的都市傳說
其①
於葫蘆池綻放的巨大蒲公英
葫蘆池的蒲公英
一般的蒲公英
※僅為示意圖
傳聞中這是因為葫蘆池附近的理工科每晚都偷偷地將可疑的液體倒入池裡的緣故…
其②
克拉克博士像的詛咒
據說只要坐上博士像的肩膀就會留級！……的傳言
耶～
不過，只要能橫越冬天結凍的葫蘆池
加油啊！
今年因為比較暖和要小心比較薄冰的地方喔！！
哇～～
就能解除克拉克博士像的詛咒……的樣子
←註：是個挺大的池子
順帶一提克拉克博士像（全身）並不在北大千萬別搞錯地方囉
請問在哪呢？
那個啊～……

潛規則38

冬季室溫日本第一高?!

Hokkaido Rules

一如前面所解說的，北海道擁有零下四十度日本最低溫的記錄。但另一方面，冬季室溫居然是全日本數一數二的高！

從初雪飄降的十一月到四月左右的半年，都被迫與雪奮戰的北海道人。大部分人會在家裡安裝環保的FF式暖氣或性能優異的空調，讓屋裡的每個角落都變得暖和（大部分的公寓就算沒裝空調，也一定會有暖氣！）。有些地區如果不開暖氣，水管就可能凍裂，所以也有家庭是一整天都開著暖氣的。「暖氣費絕對不能省（不想省）」，這才是北海道人的本色。

話雖如此，每到冬季光是燈油費，每個月就得花上數萬日圓，真的都快因為暖氣傾家蕩產了。在家計吃緊的情況下，唯一能依賴的只有公司給的暖氣津貼（寒帶津貼）。雖然只有較大規模的企業與公務員能領這筆津貼，也聽說有人會在開暖氣之前把這筆錢當額外獎金拿來買衣服或是喝酒（?），但在不景氣的當下，決定刪減這筆津貼的公司也逐漸增加。

然而許多道產子仍覺得穿上層層厚重衣服去節省暖氣費用，這種小家子氣的節約方法實在不符個性。若想一邊保有這種不為五斗米折腰（?）的氣質帶來的恩惠，一邊還是想嘗試節約的話，就確認一下住家（房間）的位置吧！

比方說，若以內地的角度來看，大廈靠角落的邊間很有開放感所以很受歡迎，但在北海道，尤其講到下雪的季節，保熱效率較差的邊間絕對算不上是好選擇。

其中最糟的就是一樓的邊間。尤其在窗外出現除雪雪堆的日子裡，房間就像是被雪壁冰封的世界；要讓整間房子變暖，還得耗費相當的時間與燈油。但如果是二樓以上靠中央的房間，則可接受來自下方與左右兩側房間的餘熱，對節省暖氣費也很有幫助（心機好重！）。

若打算在北海道定居，最好先確認公司的福利制度與薪水明細（有無暖氣津貼）。找房子的時候連同暖氣費也一併納入考慮，才是明智之舉。

一到冬天
北海道的車內
（主要在後方座位）
一定會有的東西就是
刷頭
橡膠刮刀
除雪刷
用來刷掉車上的積雪
非常方便
刷
刷
刮
刮
可用橡膠刮刀將
窗戶邊邊的殘雪刮下來
其他方便的道具
還有讓車內暖氣先啟動的
遙控引擎發動器
嗶
從家裡就能
發動引擎
噗嚕嚕嚕
冬天即將來臨時的對話
山田小姐家
差不多該準備換上
雪胎了嗎？
畢竟天氣預報說了
周末會下雪嘛～
這正是北海道的冬季風情

潛規則39

玄關二道，窗戶二層

Hokkaido Rules

進了門，又是另一扇門。被道產子邀請到家中（獨棟）作客，很可能會碰到這種二道玄關的設計，這時可千萬別驚訝地想：「為什麼會有兩道門啊……」

這便是將玄關前的門廊部分圍出一個空間的「風除室」（日光室）。如此一來就算打開門，寒風與吹雪也不會立刻竄進屋子裡，保持室內暖和。而且還能當成擺放滑雪用品以及鏟雪工具的地方（置物間？）使用，實在是非常方便。

開了窗，還有一扇窗。這種兩層式的窗戶也是北海道住家的基本構造。現在雖以單扇窗戶、雙層玻璃的樣式為主，但無論如何都是藉由雙層構造來大幅提昇氣密性。

屋頂也能看到特徵。除了函館這類少雪地區，其他地區是看不見瓦片屋頂的（因為一旦積雪，原本厚重的瓦片就更加沉重）。以向中心傾斜的金屬浪板讓積雪在屋頂中央融化的構造是目前的主流（無落雪屋頂），也有住家採用電熱融雪的屋頂。這樣就不用去屋頂除雪，也不用擔心屋頂的雪會滑落到鄰居家裡。

最後，除了瓦片屋頂以外，北海道看不到的就是「雨戶、緣廊與露台」。

北海道人認為緣廊是只存在於『海螺小姐』[19]這部漫畫裡的東西，冬天也不可能在露台（陽台）曬衣服。一到冬天，可別誤把洗好的衣物曬在屋子外面，以免心愛的衣服瞬間凍成冰塊！

潛規則40

絕不撐傘

Hokkaido Rules

正確地說，北海道人就算下雪，也絕不撐傘。

說得更精準點，只有像是冬季的初雪以及春初之際水分較多的濕雪，北海道人才會撐傘。不過，面對氣溫降至零度以下的雪，不撐傘才是主流。

其實只要不撐傘走一遭就會知道理由。北海道的雪即使落到身上也能輕易地拍落乾淨，所以並不太會浸濕衣服。

這正是道民自傲的粉雪。來自日本海的季風與強勁的寒氣造就的乾爽雪質，在內地是很難看到的。

實際上，擁有這般雪質的地區在全世界也是極為罕見的。二世谷的滑雪場總是會有澳洲或其他國家的滑雪客到訪，也是因為這個原因。

不撐傘的理由還有就是一旦開始吹起大雪，雪除了從頭上還會從腳下捲起，撐傘根本毫無意義。此外為了快要跌倒的時候能有所預備，雙手不要插在口袋，讓手隨時處於能自由活動的狀態比較好。

綜上所述，若想裝成道地的北海道居民，下雪的時候先別急著撐傘，一派輕鬆地將衣服上的雪花拍落才顯得瀟灑！

話雖如此，步伐僵硬地走在雪地上結果滑倒的話，馬上就會被發現是外地人了……。

潛規則41

硬要在黃金週賞花、七五三節是在十月

說起黃金週，在本州約莫是春天過去，梅雨到訪前夕的時期，此時出門旅行或遊玩的人們也會陸續增加。

但在北海道此時櫻花才正剛開始綻放……應該說根本還是花苞的櫻花樹下，會看到道產子一邊冷得發抖一邊吃著成吉思汗烤肉的景象。

沒錯，北海道的黃金週就是賞花的季節（實際上，也不管花都還沒開就跑去樹下吃成吉思汗烤肉的情況比較多）。「興致勃勃享用成吉思汗烤肉跟燒烤的道民，與因烤肉的煙而朦朧的櫻花樹」很好地形容了北海道黃金週的風景。

在此重新解說一次北海道的四季變化。春天是五～六月，夏天是七～八月、秋天是九～十月，冬天則是十一～四月。因此無可避免地除了賞花之外，各種節慶活動的日期也常與本州的有出入。

比方說，本州是在十一月舉辦七五三節[20]，但北海道一到十一月通常就會降下初雪，所以為了穿上和服精心打扮的小孩以及父母，就會提早到十月舉辦。

此外，九～十月也會舉辦北海道特有的賞楓會。

就字面來看，是指「賞楓」，也就是觀賞紅楓的活動，但實際上是公司或朋友之間會舉辦溫泉旅行或聚在一起喝酒。說好聽點是冬天來臨之前當作收尾的休閒活動，講白了其實就是痛快喝酒的藉口而已。

另外比較特別的就是國曆八月七日舉辦的七夕（函館等道南地區會在七月舉辦）。所謂特別不只是舉辦時間不同，就連活動內容也大相逕庭。

本州的七夕一般來說是讓人一邊回想牛郎與織女一年一次的浪漫愛情故事，一邊將寫有心願的短箋綁在竹子上。但在北海道，有些地區會在這天讓孩子們上街去討糖果。

……這應該是萬聖節才對吧？

據說這是以前會讓孩子們邊唱：「♪快把蠟燭拿出來，不給的話就抓傷你喔～」（歌詞有很多種版本），一邊挨家挨戶請對方拿出蠟燭的「討蠟燭」活動為原型，源自青森的睡魔祭。

儘管是因為氣候影響，北海道民依然以與內地不太一樣風格來享受慶典活動。正所謂「入境隨俗」，請大家不用多想，積極地參加這些活動吧！

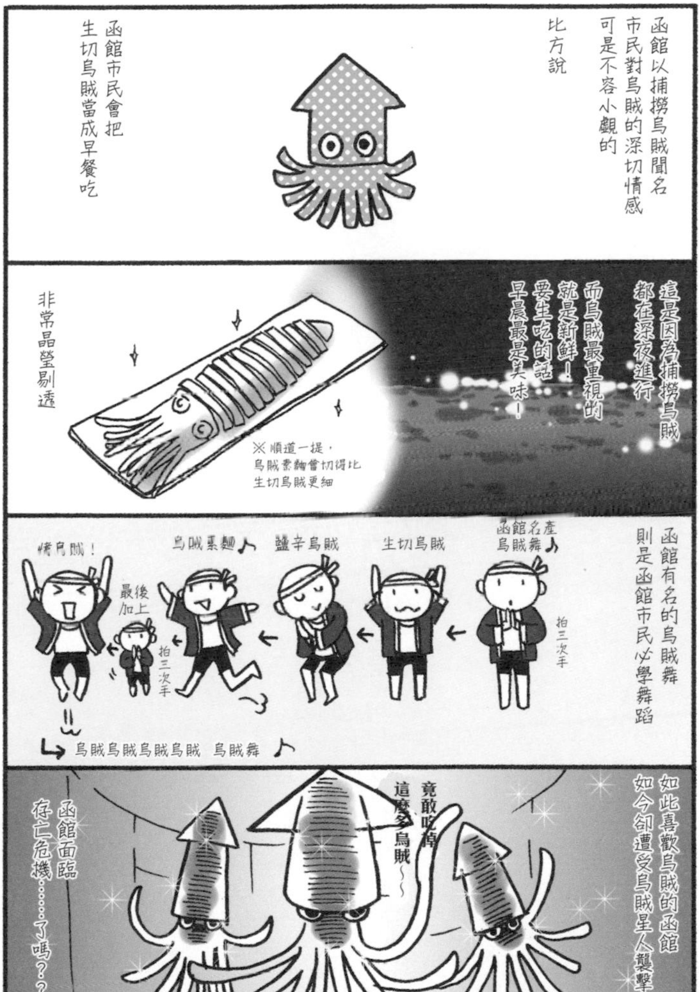

＊詳情請見網站！ http://www.ika-r.com/

潛規則42

至少唱得出三首在地廣告歌

說起北海道廣告歌的特徵，那絕對是猶如牧歌般的原創旋律！

像是聽到歌詞「♪出來了～出來了」，下一句接「山親爺♪」才是正解。這便是「千秋庵製菓」這間甜品店推出的「山親爺」這項商品的廣告歌。在畫面上一邊播著滑雪的熊（＝山親爺）揹著用竹葉串起的鮭魚的動畫，一邊唱著「挑著竹葉、揹起鮭魚～」。這對有一定年紀的北海道人而言，是無人不知無人不曉的廣告歌（現在已經停播）。

同樣地，札幌市的薄野一帶的商店街「狸小路」的廣告歌也令人懷念。以狸貓為象徵，男女一起合唱「當月亮『啵』地露臉，星星也『啪』地出現，世界就像熱鬧的狸貓祭典～」的這首廣告歌，讓人憶起美好的昭和時代，狸小路仍是札幌繁華區的那段時光。其他還有像是唱著「♪這裡是泡澡的遊樂園～公認的宇宙第一」，以這般雄心壯志宣傳「澡堂遊樂園」，位於洞爺湖溫泉的「洞爺SunPalace」廣告、不停唱著「木之城taisetsu」的建設公司（木之城taisetsu股份有限公司已於二〇〇八年破產重組）廣告，或是以饒舌風高唱「♪把蓋子打開，把雪丟進去，哇喔！～怪物級全自動融雪機」的廣告（已倒閉），也都是前幾名的超懷舊廣告。

如果跟道產子沒話聊，可以試著哼幾段這些廣告歌的歌詞。若是引起共鳴，肯定能一口氣縮短彼此的距離。

潛規則43

平日下午就看「道產子Wide」

Hokkaido Rules

每個道產子一定都看過某個電視節目。那就是星期一～五下午三點四十八分到晚上七點播放的「道產子Wide 179」(由STV札幌電視播出。「179」是北海道的市町村數量)。從一九九一年持續至今，是播出超過二十年以上的長壽節目。

節目內容舉凡北海道新聞、天氣預報、美食、生活資訊到料理單元皆有，而除了電視台主播群之外，只有北海道(才知道的)知名本地藝人會參與演出。是一個很有北海道風格，充滿地方色彩與輕鬆氣氛的節目。

從節目開播至今的料理單元「太太，再加一道菜」中的主持人兼料理研究家的星澤幸子小姐，其主持料理直播節目的資歷甚至得到金氏世界記錄認可。雖然有些道產子覺得她「料理方法太隨興」(?)，但在北海道她的確是超級名人。

在同節目出場的電視台主播木村洋二與明石英一郎在道民之間也很有人氣。木村先生還與藝人大泉洋(參見144頁)組成了「YOYO'S」這個團體。

其他的在地名人還有主持「Noriyuki的脫口秀D!!北海道」(可惜此節目已在二〇一二年三月底結束)的佐藤Noriyuki先生，他的地位可說是北海道的「三野文太[21]」，深獲許多太太們的支持。

透過這個在地節目不僅能汲取北海道的在地資訊，也能認識本地藝人，非常適合在放鬆的時候收看，也是了解北海道人性情的最佳教材。

潛規則44

大泉洋是北海道自豪的藝人

Hokkaido Rules

大泉洋。若問道產子最喜歡哪位本地藝人，他絕對是遙遙領先的第一名。

現在已經很少人不知道這位擁有全國知名度的藝人了，但與道產子談論他的時候，還有另外要先知道的人名與關鍵字。

首先，大泉洋所屬的經紀公司是位於札幌市的「CREATIVE OFFICE CUE」，其社長就是讓大泉洋名聞全國的電視節目「星期三怎麼過」中的另一位演出者鈴井貴之（俗稱「Mister」）。

除了大泉洋之外，其所屬的舞台劇劇團「TEAM-NACS」也非常受歡迎，最好能記住劇團內部成員的姓名與長相。此外，大泉洋畢業的學校為北海學園大學經濟學部（簡稱「Gakuen」）。而他本人也持有社會科的教師執照。

「星期三怎麼過」這個節目之所以能風靡全國，應該是有著各種因素，但如果要舉出該節目最有力的一項特徵，那就是「進展緩慢的悠哉感」。

在節目最有名的單元「骰子之旅」中，會由兩個有點年紀的男人（正確來說連同工作人員應該是四個人）依照骰子上的指示進行各種旅行，但最受關注的是旅途中時不時的無聊對話。而且這個單元既沒有令人眼睛一亮的結尾或吐槽，也沒有高潮迭起的內容，只有那份「悠哉感」依然健在！這也是以吉本互動系搞笑為主流的大阪所無法想像的北海道特有的搞笑方式。

潛規則45

說到報紙就想到「道新」

Hokkaido Rules

說起道內獲得壓倒性支持率的報社便是「北海道新聞」，簡稱「道新」。其訂報戶數率約占北海道整體訂報戶數的六成左右。

雖然也會看朝日或讀賣的報紙，但最先閱讀的報紙除了道新以外都不可能。之所以能擁有眾多死忠的讀者，最主要還是因為道新以其廣大的情報網刊載內容豐富、關於道內各地區的在地新聞（約佔3～4頁的版面！）。而幾乎獨佔一整頁的「弔唁新聞」，也是掌握婚喪喜慶資訊不可或缺的版面。就連企業買廣告也是「先以道新為主」。

由於「道新王國」已然成形，所以完全不提供訂報優惠或是洗衣精、主題樂園門票這類續訂贈品。這也是其他全國性報紙無法模仿的強勢經營態度。

不過，在道內某些地區裡，有些日報的市佔率還是能凌駕於道新。比方說，帶廣市與其鄰近鄉鎮的主流報紙便是「十勝每日新聞」（俗稱「Kachimai」），苫小牧市一帶為「苫小牧民報」（俗稱「Tomamin」），而「釧路新聞」這類報紙在北海道報界也占有一席之地。

若是要想了解北海道的體育新聞，就以「♪與早安～的打招呼一起～」為主題曲聞名的『道新體育報』最為大宗。即便沒有優惠價，學著閱讀道新關心在地新聞&從道新體育報確認北海道火腿隊戰績在北海道是一定要的喔！

潛規則46

其實很愛「趕流行」?!

Hokkaido Rules

北海道人對新鮮事物毫無抵抗力。若從歷史的角度看，這或許是因為北海道不存在傳統的束縛與習俗，但說的直白點，北海道人就只是愛趕流行而已！這麼說應該也沒什麼錯吧？

就以二〇〇一年四月北海道第一間星巴克在札幌開幕的事情為例吧。當天竟然在開店前門口就排成長長的人龍，電視台甚至還當成頭條新聞報導。二〇〇八年好市多在札幌開店時，民眾也是蜂擁而至！繼札幌之後，二〇一〇年十月函館也開了第一家星巴克，而這則消息早在八月函館日報就用了一整個版面大肆報導。函館居民繼吉野家之後，似乎又因星巴克開店而鬧得沸沸揚揚?!

不不，我並沒有要嘲笑北海道人的意思，還請各位多多見諒。就好的方面來看，這不正是北海道人行動力十足，對新流行有著高尚堅持的證明嗎！

與再怎麼廣受歡迎的全國性連鎖店也紅不起來的博多以及對東京來的東西都抱有強烈反感的大阪完全不同，某種意義上北海道人的心胸真是寬大。

外地人調任至北海道之後，之所以不會覺得不自在，就是因為這樣的風土民情吧。而且北海道人喜好新鮮事物的個性，也常被活用在商品的市調上。人口密集、消費習慣偏向都會的札幌就時常被選為新品試賣會的地點。

反正耍酷也沒意義嘛～！誰叫趕流行的精神正是北海道人的活力來源呢！

潛規則47

別在意、別在意！

Hokkaido Rules

每個地區都總是會有一些不合時宜的潛規則存在。就是那些「已經不適用於現代，卻長久以來存續至今的風俗習慣」。說得具體一些，就是「這種事，不是很莫名奇妙嗎？」的那些規矩。

不過，看著目前介紹過的北海道潛規則，就會發現北海道的潛規則完全沒有不合常理之處，說不定還比道外其他地區的常識更符合現實上的需求。

這正是由於再三提過的，北海道有來自日本全國移民移住所產生的特性。畢竟如果每個人都堅持主張自己故鄉的習慣，根本不可能達成共識。不對，或許正是因為來到北海道的人們多是由於各種因素離鄉背景，想尋求全新的出發點而來，再加上政策方針的影響，所以這些較於合理的新型規則才得以形成。棋盤式的街道是如此，會費制的婚禮也是如此。即便是生活中不起眼的小習慣，例如在節分撒花生以及紅豆飯的製作方法也都是這樣。

甚者，面對究極「超脫常識的存在」的自然環境(雪)，生活型態上就得養成果斷且不計較小事的態度，想著「船到橋頭自然直」，樂觀地面對眼前的現實。此地的歷史與自然環境，可說是造就了北海道人的這般性情。

從人際關係與用字遣詞也能看出北海道人的風格。

比方說，當地的大叔幫助了不太會鏟雪的你而向他說謝謝的時候，對方八成會說：「nanmo nanmo」。

Nanmo nanmo的意思是「別在意、別在意」，也有人會說成「nanmosa」。以英文來說大概是「That's OK」的意思。聽起來不做作又豪邁，不過字裡行間卻仍流露出一絲人間溫情。這句話反映出在這裡來自不同背景的人一直以來理所當然地互相幫助對方，真的很有北海道人的作風。

這也是從早期跨越艱困的開墾時代，到現在仍得與難纏的雪季搏鬥半年以上的北海道人豁達的生活智慧。

或許在陷入經濟萎縮的時代，每天提心吊膽擔心被資遣的日本人所需要的處世之道，就藏在這些用語之中吧。

Nanmo nanmo，漫長的冬天過後，春天總是會來臨的！

啊
抱歉小道子
我把豬肉買成雞肉了
別在意、別在意！
抱歉小道子
我業績不佳可能會被扣獎金了……
別在意、別在意！
「別在意、別在意」悲觀的我被小道子的這句話救了好幾次啊……
小道子太感謝你了……
小道子
這個男的是誰？
別在意、別在意！

潛規則48

住過三天，人人都是道產子

Hokkaido Rules

為什麼北海道能得到全國最高的支持率呢？

根據「全國最有魅力的都市排行榜」（品牌綜合研究所二〇一〇年調查），札幌榮登首位（函館第二，小樽則是第五），而就都道府縣來看，北海道也是第一名，受歡迎程度可說是無人能及。調職到札幌的上班族說著「不想回去（東京）了」，最後在北海道定居的例子也不少見。

除了豐富大自然與新鮮美味的食材，像是札幌一帶都市與郊區的完美比例非常宜人居住也是其魅力所在吧。不但能享受購物與美食，夏天還能露營、烤肉或打高爾夫，而冬天還能就近體驗滑雪之樂。

即便是對戶外活動沒什麼興趣的內地人，這裡的環境就是能令人愛上自然的一切，想著「這才是所謂的人生啊～」。

在東京一帶工作的道產子，也常常吐露真心表示「好想回札幌（北海道）啦～！」。北海道不僅給人好印象，就連生活的舒適性也得到非常高的評價。

而且排外度超低對道外的居民來說也是一大吸引力。

所謂的排他意識，是來自害怕自己堅守的事物（自尊心或是當地獨有的風俗）被外來事物破壞的恐懼，而在這層意思上，北海道並沒有需要傳世下去的習俗，所以也不太排斥外來事物。而且語言上也隔閡較少，很容易就能融入當地居民的對話。

正所謂「住過三天，人人都是道產子」。

話雖如此，與被散發著「博多，很讚的喔！」的博多人熱情地強迫中獎的感覺不同，跟三秒就能打成一片（不過要坦誠相見還是很難）的大阪人也不一樣。換句話說，北海道就是一個能以「真實的自己」加入的社群。

偶爾北海道人看起來好像不太愛理人很冷淡，但只要你打開心房坦誠相待，他們其實也是很容易混熟的。

現在的日本不管是經濟還是政治都讓人感到煩悶。若還在為了尋找那看不見的出口感到徬徨不已，或許至少該到這片北方大地找回自己的「悠活人生」。沒錯，一如一百四十多年前，開拓使們在此翻開了全新的一頁一般——。

奔馳吧！向著北方前進。

我叫田中一夫
與出身北海道的小道子
正值新婚甜蜜期
這次要與北海道人的朋友們
一起在外住一晚
被指名當主辦人
做為道子的老公
也不能丟了東京人的面子
一定把這次的旅行
規劃得很完美!!
可是……
慘叫!!
我忘了帶成吉思汗鍋跟炭爐了!
咦?旅館的預約得排到下個月?!
對、對不起大家…
我、我…
哭泣
哭泣
真是個既沒用又脫線的笨男人…
別在意、別在意!
和樂
反正有酒就好
隨便找個地方生火就行了嘛
和樂
超級淡定
那就露宿一晚吧~星星也很美呢!
和樂
贊成~!
這附近也不會有熊所以不用擔心!
哎唷!一夫快去幫忙生火呀!
拍肩
乾脆去一趟Seicoma吧?
再買點啤酒吧!
這樣肉夠不夠啊?
我、我…
我真是太鑽牛角尖了…
北海道真的是大海道…
不只地大就連人的胸襟也那麼寬廣啊…

註釋

1. 道產子：土生土長的北海道居民的暱稱。
2. 哈姆雷特：莎士比亞戲劇裡的角色。
3. 道道：日文原文為「どうどう」，發音為「doudou」。
4. 應仁之亂：一四六七～一四七七年室町幕府的內亂。起因為爭奪第八代將軍足利義政的繼承權。
5. butajiru、tonjiru：豬肉味噌湯的日文原文為豚汁，而在正常的念法裡，豚該念成ton，但北海道卻念成buta。
6. Nippon Milk Community：日本ミルクコミュニティ株式会社，在二〇一一年四月被雪印MEGMILK吸收合併。
7. 試驗(gen)勝利(katsu)：意即戰勝考試。將順序反過來念的勝驗(katsugen)音同勝源、活源。
8. 節分：日本習俗中會在這天撒大豆，喊著「福在內、鬼在外」，然後吃下等同於自己年紀的豆子數量，祛除厄運。
9. 參道：信徒通往神社參拜的道路，有正門與後門之分，裏參道為後門的路徑。
10. 行動展示：行動學的展示，也就是以自然的方式展現動物的生態與能力，日本以旭山動物園的行動展示最為有名。
11. 此處的「穿」原文是履く(haku)。標準日語中戴手套會使用する(suru)或是はめる(hameru)，穿在腳上的才會使用履く(haku)。
12. deshita：日文原文為「でした」，為敘述句語尾的過去式。現在式是「です」。
13. 原文為「よろしかったでしょうか」，是服務業打工族常見的誤用。一般用現在式「よろしいでしょうか」即可。
14. 招待制：此處所說的招待制就是發出請帖，請朋友參加的形式，與我國常見婚禮形式一致。
15. 千歲離婚：千歲與成田都是指機場。新婚夫婦出國渡蜜月時大吵一架，之後回到機場就離婚的情況稱為成田離婚。
16. 政令指定都市：由行政命令指定的城市，獲指定者能擁有較其他城市更多的地方自治權力。
17. 特雷・希爾曼：美國的棒球選手，前日本職棒日本火腿鬥士隊總教練。
18. namara：北海道方言，意指「超級、非常」。
19. 海螺小姐：日本漫畫家長谷川町子的作品，漫畫內容以女主角海螺所發生的各種生活趣事為主。
20. 七五三節：祈求七歲、五歲、三歲的小孩能平安長大的節日。
21. 三野文太：日本的老牌主持人，也是知名介紹日本縣民性節目『日本妙國民』的主持人。

參考文獻

《札幌学》岩中祥史著　新潮文庫
《がっつり北海道だべさ!!》千石涼太郎著　双葉文庫
《いんでないかい!!　北海道》千石涼太郎著　グラフ社
《やっぱり北海道だべさ!!　スペシャル版》千石涼太郎著　双葉文庫
《アイヌ語地名で旅する北海道》北道邦彦著　朝日新書
《北海道の歴史がわかる本》桑原真人・川上淳共著　亜璃西社
《るるぶ情報版　札幌小樽2011》JTBパブリッシング
《北海道ぷっちねっと》http://pucchi.net/　PNG Office Pucchinet 編集部

＊本書中記載的潛規則、資訊、軼事等，除了右記文獻之外，也參考了各公司官網、出身或現居北海道者、以及深愛著北海道的各位的寶貴意見。在此表達無盡的謝意。
此外，北海道出身的桜田ケイ先生也協助了本書中方言與內容事實的確認。在此獻上深深地感謝。

浮世絵06 ——北海道

別傻了 這才是北海道

~毛蟹・味噌拉麵・成吉思汗烤羊肉~
48個不為人知的潛規則

國家圖書館出版品預行編目(CIP)資料

別傻了 這才是北海道 / 都會生活研究專案著；
許郁文譯．── 初版．── 新北市：遠足文化，
2015.12──（浮世繪；6）譯自：北海道ルール
ISBN 978-986-92351-6-7（平裝）

1. 生活問題 2. 生活方式 3. 日本北海道

542.5931　　104025156

作者　都會生活研究專案
譯者　許郁文
總編輯　郭昕詠
責任編輯　徐昉驊
編輯　王凱林、陳柔君、賴虹伶
封面設計　霧室
排版　健呈電腦排版股份有限公司

社長　郭重興
發行人兼
出版總監　曾大福
出版者　遠足文化事業股份有限公司
地址　231 新北市新店區民權路 108-2 號 9 樓
電話　(02)2218-1417
傳真　(02)2218-1142
電郵　service@bookrep.com.tw
郵撥帳號　19504465
客服專線　0800-221-029
部落格　http://777walkers.blogspot.com/
網址　http://www.bookrep.com.tw
法律顧問　華洋法律事務所　蘇文生律師
印製　成陽印刷股份有限公司
電話　(02)2265-1491

初版一刷　西元 2015 年 12 月
Printed in Taiwan